AF346947

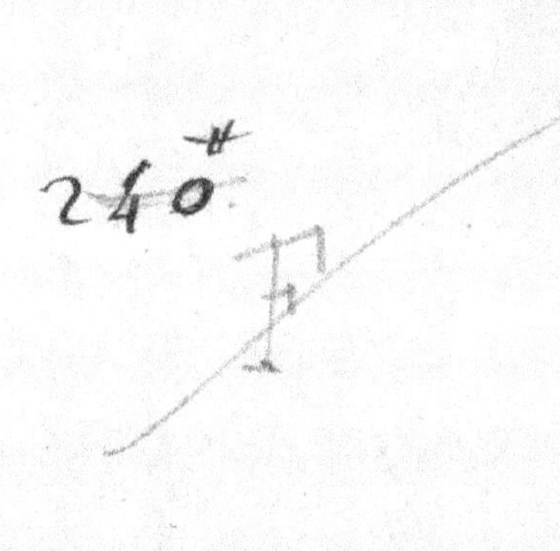

RECUEIL
ABREGÉ
DES REGLEMENS,
CONCERNANT
LES FERMES ROYALES-UNIES.
TOME PREMIER.

Contenant les Baux de Domergue, Pointeau & Templier.

Commencés le 18 Mars 1687, & finis en 1703.

A PARIS,

Chez PIERRE PRAULT, Imprimeur des Fermes du Roy, Quay de Gêvres, au Paradis.

M. DCC. XXXVII.

& par écrit dudit Expofant, ou de ceux qui auront droit de lui, à peine de confifcation des Exemplaires contrefaits, de dix mille livres d'amende contre chacun des contrevenans, dont un tiers à Nous, un tiers à l'Hôtel-Dieu de Paris, l'autre tiers audit Expofant, & de tous dépens, dommages & interêts; A la charge que ces prefentes feront enregiftrées tout au long fur le Regiftre de la Communauté des Imprimeurs & Libraires de Paris, dans trois mois de la datte d'icelles; que l'impreffion dudit Recüeil fera faite dans notre Royaume & non ailleurs, & que l'Impetrant fe conformera en tout aux Reglemens de la Librairie, & notamment à celui du 10 Avril 1725. & qu'avant que de l'expofer en vente, le Manufcrit ou Imprimé qui aura fervi de copie à l'Impreffion dudit Recüeil, fera remis dans le même état où l'Approbation y aura été donnée, ès mains de notre très-cher & feal Chevalier Garde des Sceaux de France le Sieur Chauvelin, & qu'il en fera enfuite remis deux Exemplaires dans notre Bibliotheque publique, un dans celle de notre Château du Louvre & un dans celle de notredit très-cher & feal Chevalier Garde des Sceaux de France le Sieur Chauvelin; le tout à peine de nullité des prefentes :Du contenu defquelles vous mandons & enjoignons de faire joüir l'Expofant ou fes ayans caufes, pleinement & paifiblement, fans fouffrir qu'il leur foit fait aucun trouble ou empêchement: Voulons que la copie defdites Prefentes, qui fera imprimée tout au long au commencement ou à la fin dudit Recüeil, foit tenuë pour düement fignifiée, & qu'aux copies collationnées par l'un de nos amés & feaux Confeillers & Secretaires, foy foit ajoûtée comme à l'Original; commandons au premier notre Huiffier ou Sergent, de faire pour l'execution d'icelles tous Actes requis & neceffaires, fans demander autre permiffion, & nonobftant clameur de Haro, Charte Normande & Lettres à ce contraires : Car tel eft notre plaifir. Donné à Verfailles le vingt-feptiéme jour d'Aouft, l'an de Grace mil fept cent trente-trois; & de notre Regne le dix-huitiéme. Par le Roy en fon Confeil.

Signé, S A I N S O N.

Regiftré fur le Regiftre de la Chambre Royale des Libraires & Imprimeurs de Paris, N. 590. F. 592. relativement à l'Acte du douze Septembre prefent mois, regiftré fur le même Regiftre enfuite dudit Privilege; le tout conformément aux anciens Reglemens, confirmés par celuy du 28 Fevrier 1723. A Paris le 15 Septembre 1733.

G. MARTIN, Sindic

TABLE

Des Ordonnances, Edits, Déclarations, Arrêts du Conseil & de la Cour des Aydes, &c.

Concernant les Fermes Royales-unies, comprises au Bail fait sous le nom de M^e. Pierre Domerge.

Rendus depuis le 1. Mars, jusqu'au dernier Decembre 1688.

A

de Languedoc, vendre & débiter des Sels Gabelez dans les Greniers de la Ferme des Gabelles de lad. Province, fçavoir, dans le bas Languedoc, Roüergue & Auvergne, des fels de Pecais; & dans le haut des Sels de Periac, même dans les lieux où il y a des Greniers & Commis, en la maniere accoûtumée, &c.

Du 5. Juillet 1687.

Arreft du Conseil , pour les Réparations à faire à l'Hoftel des Fermes à Verfailles.

Du 26. Juillet 1687.

Arreft du Conseil, qui ordonne que les Regiftres des Fermes des Gabelles cinq groffes Fermes & autres, feront faits de papier non marqué, des grandeurs, & en la maniere accoûtumée, à la charge de payer aux Soûfermiers des Formules, le droit du Timbre des Regiftres de Recepte, à la déduction de la valeur du Papier, &c.

Du 26. Juillet 1687.

Arreft du Conseil d'Eftat du Roi, portant Reglement, tant des droits qui feront payez pour les Soyes originaires des Provinces de Languedoc, Provence & Dauphiné, Paffages, Routes & Chemins d'icelles : que pour les Soyes venans des Païs eftrangers, qui ne pourront entrer dans le Royaume, par Mer, que par le port de Marfeille, & par Terre, par le Pont de Beauvoifin, &c.

Du 19. Août. 1687.

Arreft du Conseil, entre Maiftre Pierre Domergue, Fermier general du Tabac & Eftain : Et Maîtres Jean Fauconnet, Jean Bouget, & Jean le Mot, pour les Tabacs qui refteront au premier Octobre prochain. Qui regle à trente fols le droit d'Enregiftrement des Tenailles & Cachets, & de la preftation de Serment des Commis : Fait défenfe aux Potiers d'Etain de Bretagne, de vendre de la Vaiffelle fans être contre-marquée de la

TABLE.

Marque dudit Domergue ; Et qu'il en sera fait Inventaire, &c.

Du 23. Août 1687.

Arrest du Conseil, Qui ordonne que les Propietaires des Terres plantées en Tabac, dans les Paroisses de Lery, Lesdamps & Vaudreüil, seront assignez pardevant le Sr Feydeau de Brou, Commissaire départi en la Generalité de Roüen, &c.

Du 2. Septembre 1687.

Arrest du Conseil, Portant que l'Article XVI. du Titre premier de l'Ordonnance du mois de Février 1687. concernant les Droits d'Acquits, sera executé tant pour les Droits de Sorties & Entrées, que pour ceux du Convoy & Comtablie de Bordeaux, Traittes de Charente & Arzac, patentes de Languedoc-Foraine de Provence, Doüanes de Lyon & de Valence, Prevosté de Nantes, la Rochelle & autres Fermes de Sa Majesté, où il se leve des Droits d'Acquits, &c.

Du 6. Septembre 1687.

Arrest du Conseil, Qui ordonne qu'à commencer du premier Octobre prochain, il sera levé par Maistre Pierre Domergue, six livres sur chacun Quintal de toutes les Laines & Agnis qui sortiront de la Province de Dauphiné, outre & par dessus les Droits qui se levent à present, &c.

Du 9. Septembre 1687.

Arrest du Conseil, Qui ordonne que les Sels seront délivrez, tant dans les Chambres & Greniers qu'aux Regrats, sous de simples Buletins en la maniere accoutumée, sans que les Gabelans puissent être assujettis d'en prendre de timbrez, ni le Fermier de leur en délivrer, &c.

Du 23. Septembre 1687.

Arrest du Conseil, Qui ordonne que les Sous-Fermiers, Ar-

A ij

riers Fermiers ou Commis de Maiſtre Jean Fauconnet, Fermier general des Regrats des Gabelles de France & Lionnois, dont le Bail expire au dernier du preſent mois, continuëront pendant le Quartier d'Octobre de la preſente année, l'Exercice de leurs Baux, Arriers-Baux ou Commiſſions, ſi bon ſemble à Maiſtre Pierre Domergue, ſans être tenu de payer aucuns Droits d'Enregiſtrement, aux Officiers des Greniers., &c.

Du 25. Septembre 1687.

Arreſt de la Cour des Aydes, Qui ordonne qu'en attendant l'Enregiſtrement du bail fait par le Roi à Maiſtre Pierre Domergue, des Fermes generales des Gabelles, cinq groſſes Fermes de France & autres Unies, pour ſix années, à commencer au premier Octobre prochain ; Il joüira des Droits deſdites Fermes, ſuivant l'Adjudication qui lui en a été faite le 18. Mars dernier.

Du 30. Septembre. 1687.

Arreſt du Conſeil, qui regle les Droits d'Enregiſtrement de l'Arreſt du Conſeil du 18. Mars dernier, du Bail de Maiſtre Pierre Dormergue, des Procurations & Commiſſions des Directeurs, Receveurs, Controlleurs, Capitaines, Lieutenans, Gardes & Archers des Gabelles, & Baux, Sous-baux, Procurations, Commiſſions, & preſtation de Serment des Prepoſez à la diſtribution eu Sel à petites meſures, dans chacune Election, Grenier & Chambre à Sel, &c.

Du dernier Septembre 1687.

Arreſt du Conſeil, Qui proroge juſques au premier Avril 1688. la Reduction & Moderation des droits qui ſe levent ſur les Vins & Eaux de Vie voiturez par la Riviere de Loire, pour être tranſportez hors du Royaume, ou dans la Province de Bretagne.

Du 30. Septembre 1687.

Arreſt du Conſeil, Qui ſubroge Domergue, à l'Adjudication

TABLE.

faite par Charriere, le 23. du prefent mois, au Sieur Bonnel, Avocat au Confeil, de la Ferme du Domaine & Droits Domaniaux de Provence, &c.

Du 10. Octobre. 1687.

Arreſt de la Cour des Aydes, qui défend à tous Marchands & autres de faire aucuns Entrepoſt à huit lieuës de Paris, à peine de Confiſcation: Ordonne que toutes les Marchandiſes feront apportées au Bureau de la Doüane de lad. Ville, & que les Marchands & Particuliers feront tenus de faire leurs Déclarations par écrit, fur les Regiſtres, dans toute l'étenduë de la Ferme, &c.

Du 11. Octobre 1687.

Arreſt du Confeil, portant qu'il fera fait diminution par Me. Pierre Domergue, Adjudicataire des cinq groſſes Fermes & autres Unies, de quarante fols fur chacun muid de Vin mefure de Paris, qui feront tranſportez jufqu'au premier Avril 1688 tant par Mer que par Terre, par les Provinces de Normandie, Picardie Champagne & autres, pour être menez dans les Pays eſtrangers, ou dans les Provinces reputées eſtrangeres.

Du 11. Octobre 1687.

Arreſt du Confeil, Qui décharge les Vins de cru de la Province de Bourgogne, qui feront tranſportez d'icelle dans les Elections où les Aydes ont cours, du droit de Doublement de la fubvention, créé par Declaration du mois de Juillet 1656. conformément à l'Arrêt dudit Confeil du 11. Novembre 1669.

Du 14. Octobre 1687.

Arreſt du Confeil, Qui ordonne qu'il fera levé fix livres par ledit Domergue, fes Procureurs & Commis, fur chacun Quintal de Laines & Agnis, qui fortiront par Mer des Provinces de Languedoc & Provence, outre & pardeſſus les Droits qui fe levent à prefent, &c.

TABLE.

TABLE.

Traité fait entre M^e. Jean Fauconnet, & les Habitans du Re-
thelois, concernant les Cultures & plantations des Tabacs dans
ledit Pays.

Du 4. Novembre 1687.

Arrest du Conseil, qui ordonne que ledit Domergue joüira
pendant le cours de son bail, des mêmes droits & avantages
dont Fauconnet a joüi, pour la vente du Tabac dans l'étenduë des Balliages & Jurisdictions de Clermont, Stenay, Dun
& Jametz, &c.

Du 8. Novembre 1687.

Arrest du Conseil d'Estat du Roi, qui ordonne, qu'à
commencer du premier jour de Decembre mil six cens
quatre - vingt-sept il sera levé & perçu à l'entrée de Marseille,
& autres Ports des Provinces de Languedoc & Provence sur
les cuirs tannez venans des Païs étrangers vingt pour cent de
leur valeur.

Du 8. Novembre. 1687.

Arrest du Conseil, qui défend à Maistre Pierre Domergue,
ses Procureurs & Commis, de faire aucune composition des
droits portez par les Tarifs, sur les draperies étrangeres entrans
dans le Royaume : & ordonne que les Ratines payeront sur le
même pied que les Draps, & que lesdites Draperies ne pourront
entrer que par les Ports de Calais & S. Valery, à peine de confiscation, trois mil livres d'amende, &c.

Du 8. Novembre. 1687.

Arrêt du Conseil, qui ordonne l'exécution des Tarif & Arrests pour la levée des droits de la patente de Languedoc, &
qui regle à trente sols pour chacun Muid de vin, & cinq livres pour chaque baril d'eau-de-vie, les droits de sortie dans
l'étenduë de ladite Ferme.

TABLE.

TABLE.

Du 29. Novembre 1687.

Arreſt du Conſeil, qui ordonne que les eaux-de-vie, qui ſeront voiturées par la riviere de Loire, pour être tranſportées
hors le Roïaume, ou dans la Province de Bretagne, juſqu'au dernier May 1688. payeront ſeulement pour tous droits de ſortie
& de ſubvention, trois livres pour barique, au lieu de ceux or-
donnez par l'Arreſt du Conſeil du dernier Septembre 1687.

Du 6. Decembre 1687.

Arreſt du Conſeil, portant qu'il ſera inceſſamment arreſté
au Conſeil des Eſtats des frais, ſalaires & vacations des Huiſſiers, Archers, Gardes & autres Employez au recouvrement des
droits des Fermes du Roy, que les Commis aux Recettes tiendront Regiſtres des Taxes des Exploits & autres Actes : Que les
Gardes & Commis qui auront fait des Procez verbaux de fraudes & contraventions, en remettront des doubles ſignez d'eux
aux Greffes des Juriſdictions deſdites Fermes : & leur fait défenſes de faire aucuns accomodemens que par l'avis, &c.

Du 6. Decembre 1687.

Arreſt du Conſeil, qui ordonne que les Manufactures de
Gand, Audenarde, Courtray, Ath & Charleroy, qui ſeront
apportées en France, acquitteront les droits d'entrées aux Bureaux des cinq groſſes Fermes, ſur le pied du Tarif du 18.
Avril 1667. Et fait défenſe au Fermier & ſes Commis de faire
aucune compoſition ni moderation deſdits droits.

Du 6. Decembre 1687.

Arreſt du Conſeil, qui ordonne que les Procez verbaux de
capture, faits de pluſieurs Faux-ſauniers du reſſort du Grenier à
Sel de Craon, ſeront reçûs au Greffe dudit Grenier, & les Gardes repetez ſur iceux.

TABLE.

Royaume, l'Or & l'Argent qu'ils auront reçus du prix des Marchandises qu'ils y auront apportées.

Du 23. Decembre 1687.

Arrest du Conseil, pour l'exécution des Arrest des huit Novembre & vingtiéme du present mois : Fait défenses à Maître Pierre Domergue, ses Procureurs & Commis de faire aucune composition ny remise des droits y portées, même aux Marchands & Habitans de Lion, & ordonne que les Draperies estrangeres ne pourront entrer dans le Royaume, que par les Ports de Calais & de Saint Vallery, &c.

Du 27. Decembre 1687.

Arrest du Conseil qui ordonne que la moitié des confiscations qui seront faites en vertu des Arrests dudit Conseil des huit Novembre dernier, & vingt-trois du present mois, appartiendra aux Denonciateurs & particuliers qui auront arrêté les Estoffes & Draps de Laines mentionnez en iceux, entrant par d'autres Ports que par ceux de Callais & S. Vallery.

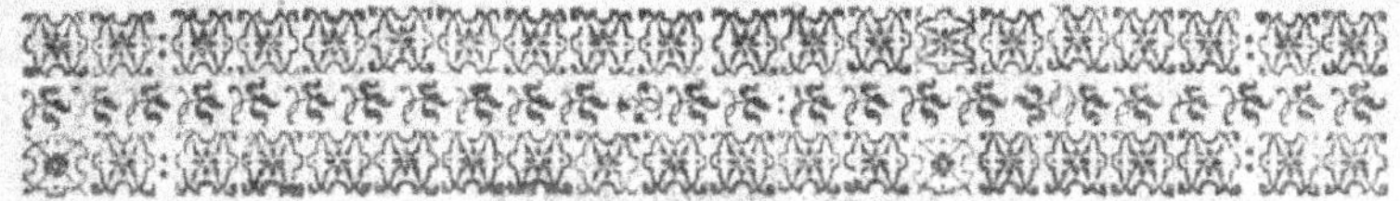

TABLE

Des Edits, Déclarations, Arrests & Reglemens concernans les Fermes Royales-Unies,

Rendus pendant les six premiers mois de l'année 1688.

Du 3. Janvier 1688.

R R E S T du Conseil, qui commet Monsieur de Beauchamp, pour proceder à la publication & adjudication des Sous-Fermes du Tabac.

Du 13. Janvier 1688.

Arrest du Conseil, qui regle les droits d'entrée des Savons, tant blancs que noirs, qui seront apportez des Païs estrangers, dans la Province de Luxembourg.

Du 13. Janvier 1688.

Arrest du Conseil, pour faire remettre par les Sieurs Nigot & Cheureaux, les sacs qui ont servi à la voiture des Sels, ès mains des Sieurs Porcher & Helot.

Du 13. Janvier 1688.

Arrest contradictoire du Conseil, qui reduit & modere la plantation du Tabac dans les paroisses de Lesdam, Lery,

A

TABLE

Champagne , Bourgogne , Bery , Bourbonnois , Orleans , Touraine , Anjou , Poitou , Xaintonge , Païs d'Aulnix & Auvergne , jufqu'au premier Juillet de la prefente année 1688. fans payer aucuns droits de fortie.

Du 17. *Février* 688.

Déclaration du Roy, portant Reglement pour les Procedures qui doivent eftre obfervées par les Officiers des Elections & Greniers à fel , & autres Juges qui connoiffent des droits des Fermes de Sa Majefté. Avec un Reglement des Vacations defdits Officiers & Juges : & pour la taxe & falaires des Huiffiers employez au Recouvrement des droits defdites Fermes. *Regiftrée en la Cour des Aydes.*

Du 17. *Février* 1688.

Arreft du Confeil , qui décharge Domergue de l'Affignation à lui donnée à la Cour des Aydes à la Requefte des Rafineurs de Sucres de la Ville d'Orleans.

Du 24. *Février* 1688.

Arreft du Confeil , qui ordonne qu'il fera fondu des mefures de cuivre d'un Minot, demi Minot & quart de Minot, pour fervir d'Efpallement aux Mefures des Greniers à Sel dépendans de la Ferme generale des Gabelles de France , &c.

Du 24. *Février* 1688.

Arreft du Confeil , pour rejetter de l'Eftat des Gabelles du Dauphiné , la fomme de 1658. livres deux fols , de rente appartenant au Sieur Marquis d'Arfilliers , profeffant la R. P. R.

Du 9. *Mars* 1688.

Arreft du Confeil , qui revoque les Entrepofts & Tranfits:

& ordonne que toutes les Marchandifes des Païs eftrangers, qui entreront & fortiront du Royaume, payeront les droits dûs, à commencer du premier Avril prochain.

Du 9. Mars 1688.

Arreft du Confeil qui ordonne, fans s'arrêter aux Ordonnances des Mayeur & Efchevins de la Ville de l'Ifle, des 22. Avril & 23. Aouft 1687. que Sa Majefté a caffées & annullées, que le commerce des chapeaux faits dans le Royaume, fe continuëra par les Marchands Groffiers, Joüalliers & Merciers de ladite Ville, tout ainfi qu'ils avoient accoûtumé auparavant lefdites Ordonnances.

Du 16. Mars 1688.

Arreft du Confeil, qui ordonne que les Moluës vertes & feiches, qui feront apportées des Païs eftrangers, ès Provinces de Luxembourg. Evefchez de Mets, Toul, Verdun, la Sarre & l'Alface, payeront feulement à l'entrée defdites Provinces, les droits ordinaires qui fe payoient auparavant l'Arreft du vingt Decembre 1687.

Du 16. Mars 1688.

Arreft du Confeil, qui ordonne qu'à commencer au premier Avril prochain, il fera payé vingt livres du cent pefant, pour les laines de toutes efpeces, fortant du Royaume par les Provinces de Champagne, Bourgogne, Breffe Lionnois & le Comté de Bourgogne, pour aller aux Païs eftrangers.

Du 16. Mars. 1688.

Arreft du Confeil, qui ordonne que le peage qui fe leve fur le Sel au Port de Baltazard, fur le Rofne, fera payé à raifon de trois livres fur chacun muid ; & fait défenfe de le faire payer en Efcence, conformément aux Reglemens des années 1597. & 1611. & à l'Article XXXI. du Bail des Gabelles de Lionnois, Provence & Dauphiné.

A iij

de se servir des Payelles pour blanchir du sel establies au lieu de Monteaurel, sans ordre ni pouvoir du Roi jusqu'à ce qu'autrement en ait été ordonné, &c.

Du 30. Mars 1688.

Arrest du Conseil, qui ordonne que les Cordeliers de la Province de Bretagne representeront dans deux mois à Monseigneur le Peletier, les titres des Privileges qu'ils pretendent avoir, &c.

Du 6. Avril 1688.

Arrest du Conseil, qui proroge jusqu'au premier Octobre 1688. la reduction & moderation des droits qui se levent sur les vins & Eaux-de-vie voiturez par la riviere de Loire, pour être transportés hors du Royaume, ou dans la Province de Bretagne.

Du 6. Avril 1688.

Arrest du Conseil, qui continuë & proroge jusqu'au premier Octobre prochain, la diminution de quarante sols sur chacun muid de Vin, mesure de Paris, qui seront transportez tant par mer que par terre, par les Provinces de Normandie, Picardie, Soissonnois, Champagne, Bourgogne, Bresse, Poitou, Aulnix, Bery, Bourbonnois, Anjou & le Mayne pour être menez dans les Païs estrangers, ou dans les Provinces reputées estrangeres.

Du 6. Avril 1688.

Arrest du Conseil, pour l'exécution des Arrests des vingt-six Octobre 1686. 27. Janvier & huitiéme Février 1687. concernant les Toilles de Coton des Indes, tant blanches que peintes, qui ordonne qu'il sera fait des visites chez les Marchands & autres, qui auront desdites Toilles; & que celles qui n'auront été declarées ni marquées, seront brussées.

Du 6. *Avril* 1688.

Arreſt du Conſeil , qui ordonne que les Marchands de la
Ville de Nantes qui font ſaller des Moluës & Sardines, ſeront tenus de s'aſſembler par devant le Seneſchal de Nantes,
pour convenir avec le Fermier de la quantité du Sel neceſſaire.

Du 6. *Avril* 1688.

Arreſt du Conſeil, qui ordonne que les Officiers, Proprietaires, Commis & Prepoſez à la perception des droits qui ſe
levent à Nantes, Ingrande, la Pointe, Pont de Cé, & Sau-
mur, ſur les Voituriers de la Riviere de Loire, chargez de
la conduite des Sels, repreſenteront dans un mois leurs Titres par devant Monſieur de Nointel, &c.

Du 10. *Avril* 1688.

Arreſt du Conſeil d'Eſtat du Roi, qui permet la Sortie des
Bleds de la Province de Languedoc, juſqu'au premier Juillet de la preſente année 1688. ſans payer aucuns Droits.

Du 10. *Avril* 1688.

Arreſt du Conſeil, qui ordonne que les Eſchevins & Habitans de la Ville d'Auxonne, repreſenteront leurs Titres pardevant Monſieur de Harlay, en vertu deſquels ils prétendent joüir des exemptions de ſortie des cinq groſſes Fermes, &c.

Du 10. *Avril* 1688.

Arreſt du Conſeil, qui ordonne que les Gages attribuez à
l'Office de Greffier ancien au Grenier à Sel de Cormicy, ſeront payez par Maiſtre Pierre Domergue, à Claude Berthe,
pourvû dudit Office, ſur ſes ſimples Quittances, dont il luy
en ſera tenu compte ſur le prix de ſon Bail de la preſente année.

Du 14. Avril 1688.

Arrest du Conseil, qui ordonne qu'à commencer du quinze May de la presente année 1688. il sera levé douze livres, pour tous droits d'entrée sur chaque Bœuf, gras ou maigres, venans des Païs estrangers, sans que lesdits droits puissent être levez sur les Bœufs & autres Bestiaux, venans des Provinces de Guyenne, Languedoc, Auvergne, Limosin, la Marche, Poitou & Bretagne, lesquels joüiront de l'exemption desdits Droits, conformément à l'Arrest du Conseil du deux Septembre 1669.

Du 14. Avril 1688.

Arrest du Conseil, qui commet le Bailly de Versailles pour continuer le Procés à ceux qui ont commis des fraudes pour le Tabac, audit lieu.

Du 27. Avril 1688.

Arrest du Conseil, qui ordonne que l'Information commencée contre le Commis du Grenier à sel de Richelieu, pour raison des malversations commises en l'exercice de sa Commission, seront continuées & le Procés instruit, fait & parfait, par Monsieur de Nointel, & par lui jugé en dernier ressort, en telle Election qu'il voudra choisir, &c.

Du 1. Mai 1688.

Arrest du Conseil, qui regle les droits d'entrée des Toilles, en Flandre, Sçavoir pour celles qui seront reputées grosses, vingt cinq sols : pour les communes, trois livres & pour les fines, dix livres du cent pesant, pour tous droits, &c.

Du 1. Mai 1688.

Arrest du Conseil, qui ordonne que les Toilles damassées

& Ligatures de la Ville de Menin , seront marquées sur le Mestier par les Commis du Bureau de ladite Ville , ausquels il sera payé un sol pour chaque piece de Toille & Ligatures.

Du 4. Mai 1688.

Arrest du Conseil , qui ordonne en interpretant celui du vingt-cinq Novembre 1687. Que le Fer ouvré & non ouvré , venant des Provinces du Royaume reputées estrangeres, & d'autres Païs de la domination de Sa Majesté, qui entrera dans l'étenduë des cinq grosses Fermes, payera seulement les droits ordinaires, sur le pied du Tarif du mois de Septembre 1664.

Du 4. Mai 1688.

Arrest du Conseil , portant que les Beures d'Angleterre & d'Irlande, qui seront apportez dans le Royaume , payeront pour tous droits d'Entrée, six livres du cent pesant.

Du 11. Mai 1688.

Arrest du Conseil, qui ordonne que les Propietaires des Salines de Berre representeront pardevant Monsieur le Bret Intendant en Provence, leurs Titres , en vertu desquels ils pretendent un droit de cinquante ovilles de Sel de Franc salle , &c

Du 11. Mai 1688.

Arrest du Conseil, qui ordonne que les Moutons de Catalogne, qui viendront paistre dans les Montagnes de Roussillon & de Cerdaigne, seront Exempts des droits portez par les Arrests des 2. Septembre 1669. & 3. Février dernier , &c.

Du 11. Mai 1688.

Arrest du Conseil , qui permet à Maistre Pierre Domergue de continuer ou revoquer les Traitez en consommation du

Tabac, à la charge de dédommager les Traitans s'il échet , &c.

Du 12. Mai 1688.

Arrest de la Cour des Aydes , concernant les Regrats, qui ordonne que le Fermier des Regrats des Greniers de Meaux, Senlis & Creil , où le sel est fixé par l'Ordonnance , à quarante-une livre le Minot , avec cinq livres deux sols six deniers , pour le demi Parisis , percevra la somme de quatorze sols quatre deniers , ob. pit. demip. demi quart de pit. & huitiéme de pit. pour chacun Litron de Sel qui sera vendu par Regrat , & des autres mesures au dessous , à proportion , &c.

Du 18. May 1688.

Arrest du Conseil d'Etat du Roy , & Tarif des droits qui seront levez , sur toutes les Marchandises & Denrées , qui entreront de Languedoc en Roussillon & qui sortiront de Roussillon , pour entrer en Languedoc.

Du 18. Mai 1688.

Arrest du Conseil , qri ordonne l'exécution de la Sentence du Juge & Maître des Ports de la Rochelle , renduë contre les Habitans de Marennes , & ordonne que les droits d'entrée sur les beures & Cuirs , seront payez , suivant & conformément au Tarif du 18. Avril 1667. & à l'Arrest du 25. Novembre 1687. &c.

Du 19. Mai 1688.

Arrest du Conseil , qui ordonne que les verres de toutes sortes qui entreront en France , payeront à l'entrée du Royaume , sçavoir le Verre cassé , comme Groisil , vingt sols par baril , le verre en table pour vitre , la Chartée de quatre panniers , douze livres , les Verres , tasses , couppes & bassins de Cristal de Venise & d'ailleurs , trente livres du cent pesant , & les verres à boire , excepté ceux de Venise , dix livres du cent pesant.

Du 15. Juin 1688.

Arrest du Conseil, qui ordonne que les Bas de Soye, d'Eſtames & de Laine, qui ſeront apportez dans le Royaume, ſoit qu'ils ſoient déclarez pour le compte des Marchands & Habitans de la Ville de Lion où autrement, acquitteront à l'entrée les droits portez par le Tarif du 18. Avril 1667. Et en conſequence qu'ils ſeront déchargez de ceux de la Doüanne de Lion, &c.

Du 15. Juin 1688.

Arrêt du Conseil, qui ordonne que les Marchands, Negocians & autres Habitans des Villes & Païs conquis, ou cedez à Sa Majeſté par les Traitez de Paix & de Trêve, continuëront de joüir de la liberté du Tranſit, nonobſtant l'Arreſt du 9. Mars dernier pour les Manufactures eſtablies eſdites Villes & Païs, & choſes ſervans aux Ouvrages & Fabrications d'icelles, aux conditions y portées.

Du 15. Juin 1688.

Arreſt du Conseil, qui ordonne que les deniers confiſquez ſur Paul Buret, Marchand à Cremieu, & les amendes contre lui adjugées, par la Sentence du Juge des Fermes de Dauphiné, du onze Février dernier, pour avoir voulu tranſporter leſdits deniers hors du Royaume, appartiendront & ſeront delivrez à Me. Pierre Domergue, nonobſtant les oppoſitions du Receveur general & du Sous-Fermier du Domaine de ladite Province,

Du 22. Juin 1688.

Arreſt du Conseil, concernant le Preſt du Sel, qui ordonne l'exécution des déclarations de Sa Majeſté des ſix Juin 1685. & vingt-cinquiéme Novembre 1687. &c.

Du 22. *Juin* 1688.

Arrest du Conseil d'Estat du Roy, qui exempte de tous droits d'entrée & de sortie, les Marchandises qui seront apportées à Dunkerque, de la Flandre Espagnole & autres Païs estrangers, pour être transportées à Cadix, en faisant par les Marchands qui les envoyeront, au Bureau de Bisseghem & du Pelican (par lesquels elles pourront seulement entrer) leurs déclarations de la quantité & qualité desdites Marchandises, &c.

Du 29. *Juin* 1688.

Arrest du Conseil qui ordonne qu'à l'avenir, à commencer du quinziéme Juillet prochain, il sera levé pour tous droits d'entrée, sur les chairs sallées de toutes sortes qui seront apportées des Païs estrangers, cinq livres du cent pesant, & à proportion.

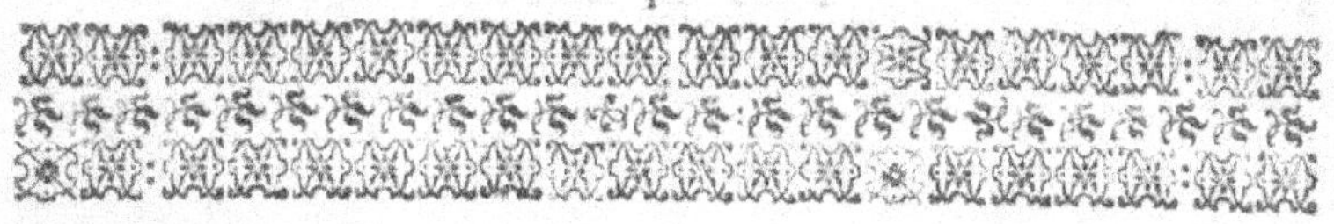

SUITE DE LA TABLE

DES Arrests & Reglemens rendus pour le Bail de Maître Pierre Domergue, pendant les mois de Juillet, Août & Septembre 1688.

Du 6. Juillet 1688.

RREST du Conseil, qui ordonne, qu'à l'avenir à commencer du quinziéme du present mois, il sera levé & perçû sur la Derle ou Terre propre à faire porcelaines, qui sortira des Villes & Lieux conquis ès Païs-Bas ou cedez au Roy par les Traitez de Paix & de Treve, pour être transportée dans les Païs Estrangers, la somme de quarante livres pour Last, de douze Tonnes ordinaires, au lieu de six livres portée par le Tarif du 13. Juin 1671.

Du 6. Juillet 1688.

Arrêt du Conseil, qui commet Mr le Grand, Bailly de Versailles, pour informer du contenu és Procés verbaux faits contre les nommez Saisian & Prevost, & la femme du nommé Charlet, qui ont commis le Faux-Saunage à Maintenon.

Du 10. Juillet 1688.

Arrest du Conseil, pour la nouvelle marque des Dentelles de Flandres, & Païs-Bas; qui ordonne que dans quinzaine, celles marquées par Fauconnet, seront contre-marquées par Me Pierre Domergue; & celles qui viendront à l'avenir, d'une autre nouvelle marque: & que les Dentelles qui se trouveront aprés ledit tems sans estre marquées, de l'une ou

A

l'autre defd. nouvelles marques, feront faifies & confifquées, &c.

Du 13. Juillet 1688.

Arreſt du Conſeil, qui ordonne que les Commis prepoſez aux Controlles des Greniers à Sel, Porteurs des Procurations ou Commiſſions de Me Pierre Domergue, auront la Clef d'un cadenat qu'ils pourront faire appoſer à la Porte des Greniers, & tiendront un Regiſtre des Ventes ordinaires deſd. Greniers, ainſi que les Officiers & Commis, lequel Regiſtre leſdits Officiers feront tenus d'arreſter par chacun jour de vente, & d'en parapher les Arreſtez &c.

Du 13. Juillet 1688.

Arreſt du Conſeil, qui fait défenſes aux Meſureurs Titulaires des Greniers à Sel, de s'immiſſer aux Deſcentes, Meſurages & Emplacemens des Sels dans les Dépoſts, s'ils n'y ſont appellez par le Fermier, comme Travailleurs, au prix qui ſera convenu entr'eux: décharge Me Pierre Domergue & Baduel ſon Commis, des condamnations portées par la Sentence des Officiers du Grenier à Sel d'Honfleur, du 20. May dernier, & ordonne que Picquenot Meſureur ſera payé comme Travailleur.

Du 13. Juillet 1688.

Arrêt du Conſeil, qui décharge Me Pierre Domergue de l'Aſſignation à luy donnée à la Cour des Aydes de Montpellier, à la Requeſte du nommé Trouſſel, Sous-Fermier des Regrats de la Generalité de Montpellier; & renvoye la Requeſte dudit Domergue à M. de Baſville, pour entendre les Parties, dreſſer Procés verbal de leurs dires & conteſtations, & ſur le tout donner ſon avis pour iceluy envoyé au Conſeil, eſtre ordonné ce qu'il appartiendra.

Du 13. Juillet 1688.

Arreſt du Conſeil, qui ordonne, que par Monſieur Legrand, Bailly de Verſailles, il ſera informé du contenu és Procès verbaux & interrogatoires subis par ceux qui ont commis le Faux-Saunage à Maintenon, & leurs Procés fait & parfait.

Du 13. Juillet 1688.

Arrest du Conseil, qui ordonne que les Articles XI. & XII. de l'Ordonnance du mois de Juillet 1681. sur le fait du Tabac, seront exécutez; ce faisant, que les Maistres des Navires, Barques & autres Vaisseaux, seront tenus de déclarer au Bureau dans les vingt-quatre heures de leur arrivée, la quantité & qualité du Tabac dont ils seront chargez, &c.

Du 13. Juillet 1688.

Arrest du Conseil, portant que les Commis Generaux & Particuliers employez pour le fait du Tabac, qui auront été reçûs en la Cour des Aydes, pourront exercer dans toutes les Elections de son Ressort sans faire nouveau serment; En faisant registrer sans frais aux Greffes des Elections de leurs exercices, celuy prêté en ladite Cour : & que les Commis des Gabelles, Traittes & autres qui auront serment à Justice, pourront exercer pour le Tabac, &c.

Du 13. Juillet 1688.

Arrest du Conseil, qui décharge les Debitans du Tabac en gros & en détail, des Assignations à eux données : Et fait défenses aux Officiers des Elections, de les troubler dans leur Vente & débit, en vertu de leur permission, ny d'exiger d'eux aucuns droits, &c.

Du 13. Juillet 1688.

Arrest de la Cour des Aydes, qui ordonne que l'Ordonnance de 1680. sur le fait des Gabelles & l'Arrest de ladite Cour du douze Juin 1687. seront executez : En consequence, fait iteratives défenses aux Fermiers & Sous-Fermiers des Regrats du ressort de la Cour, Regratiers & Revendeuses, de faire

Du 14. Août 1688.

Arrest du Conseil, qui ordonne que l'Arrest du treize Janvier dernier, & les repartitions & arpantages faits en exécution des Ordonnances du sieur Feydeau de Brou, seront exécutez. Et en conséquence, fait défenses aux Habitans des Paroisses de Lhery, Vaudreuil & Lesdams, ausquels il a été permis de planter leurs Terres en Tabac, d'en verser, cacher, receller, entreposer ou vendre en fraude, & à tous autres qu'à Me Pierre Domergue, Fermier General du Tabac, à peine contre les Contrevenans de confiscation desdits Tabacs, & de privation pour toûjours de la Plantation desd. Terres en Tabacs, &c.

Du 14. Août 1688.

Arrest du Conseil, portant permission aux Fermiers du Tabac, de faire visite dans les Places Châteaux, Maisons Royales, celles des Princes & Seigneurs, Convents & Communautez & autres lieux prétendus privilegiez, &c.

Du 14. Août 1688.

Arrest du Conseil, portant défenses à tous les Maistres & Fermiers des Coches, Carosses & Messageries, de recevoir & se charger d'aucuns Tabacs en corde ny en poudres dans leurs Voitures, sans la facture des Commis du Bureau du Tabac, de leur demeure, dont les Conducteurs seront porteurs : & à cet effet, toutes visites necessaires seront faites, &c.

Du 14. Août 1688.

Arrest du Conseil d'Etat du Roy, qui permet à la Compagnie des Indes Orientales, de continuer le commerce des Etoffes de Soye, Or & Argent, & Ecorces d'Arbres des Indes & de la Chine : Et de faire venir des Toilles de Coton blanches, & autres Marchandises & Denrées des Pays de sa concession, aux charges & conditions y portées. Et fait défenses à tous Mar-

chands & autres de faire entrer des Toilles de Coton blanches, que par les Ports de Roüen & Saint Valleri, en payant
tous les droits, &c.

Du 28. Août 1688.

Arreſt du Conſeil contre le nommé Theodore Vacher,
Habitant d'Auxonne, qui caſſe la Sentence du Juge des Traites de Dijon, qui a condamné Fauconnet à une reſtitution de
trois cens ſoixante livres pour des droits perçûs ſur cent vingt
pieces de Crepons de Zuric, appartenans audit Vacher : Et
décharge Me Pierre Domergue de ladite reſtitution, comme
ayant reçû leſd. droits.

Du 13. Août 1688.

Arreſt du Conſeil, qui fait défenſes à tous Huiſſiers & Sergens
de faire aucunes contraintes contre les Cautions de Me Pierre
Domergue, Fermier General des Gabelles & autres Fermes-
Unies, pour raiſon des affaires compriſes en ſon Bail, qu'aprés
avoir remis les Arreſts, Sentences & autres pieces dont ils
ſeront porteurs, és mains de Me Jean le Droit, Receveur General deſdites Fermes, pour être communiquees, & enſuite re-
miſes dans trois jours à ceux qui les auront donnez, à peine d'interdiction, trois mil livres d'amende, &c.

Du dernier Août 1688.

Arreſt du Conſeil, qui permet à tous les Sujets de Sa Majeſté,
des Provinces de Normandie, Picardie, Soiſſonnois, Champagne, Bourgogne, Berry, Bourbonnois, Orleans. Touraine, Anjou, Poitou, Xaintonge, Pays d'Aunix, Auvergne, & Languedoc,
de vendre & faire ſortir les bleds fromens, meſteils & autres
grains en tels Royaumes, Eſtats & Provinces qu'ils aviſeront bon
être juſqu'au premier Avril 1689. ſans payer aucuns droits, &c.

Du 31. Août 1688.

Arreſt du Conſeil qui proroge juſqu'au premier Avril 1689. la

reduction & moderation des droits qui se levent sur les Vins &
Eaux-de-vie, voiturez par la riviere de Loire, pour être transf-
portez hors du Royaume, ou dans la Province de Bretagne, &c.

Du 31. Août 1688.

Arrest du Conseil, qui proroge jusqu'au premier Avril 1689. la
diminution de quarante sols pour chacun Muid de Vin, mesure
de Paris, qui seront transportez tant par mer, que par terre par
les Provinces de Normandie, Picardie, Soissonnois, Champagne, Bourgogne, Bresse, Poictou, Aulnix, Berry, Bourbonnois
Anjou, le Maine, pour estre menez dans les Pays Estrangers,
ou dans les Provinces réputées estrangeres, &c.

Du 31. Août 1688.

Arrest du Conseil, qui fait main levée au Sieur Lindemer
d'une saisie de quatre cens Moutons, faite à la Requeste du Fermier des Traites, Entreés & Sorties, Foraines de Loraine : Et
ordonne que les droits sur lesdits moutons, seront perçûs au
premier Bureau d'entrée des cinq grosses Fermes, conformément à l'Arrest du troisiéme Février dernier, &c.

Du 7. Septembre 1688.

Arrest du Conseil, qui ordonne que les Sergens & Huissiers
des Gabelles de la creation de 1581. qui serviront aux Au-
diences & à l'ouverture des Greniers, jouiront d'un demy
Minot de Sel de Franc-Salé par chacun an : Et qu'ils seront tenus de representer leurs Titres, &c.

Du 7. Septembre 1688.

Arrest du Conseil, qui ordonne que les Draperies & Etoffes
qui se fabriquent dans le Roussillon, qui payent le droit de
Boüille à la consommation, seront plombées : & que celles
qui viennent des autres Provinces pour entrer dans le Roussillon, qui payent les droits à l'Entrée, ne le seront point,
&c.

*

Du 7. Septembre 1688.

Arreſt du Conſeil, qui ordonne que les cuirs tannez, venans des Pays étrangers, payeront aux entrées du Royaume, vingt pour cent de leur valeur.

*

Du 14. Septembre 1688.

Arreſt du Conſeil, portant que pendant le cours du Bail de Maiſtre Pierre Domergue, les ſaiſies & oppoſitions qui ſeront faites pour les charges dudit Bail, le ſeront entre les mains des Commis des lieux & des Provinces où elles doivent eſtre acquittées, & après le bail fini au Bureau dudit Domergue à Paris: Et que les gages & appointemens des Commis ne pourront eſtre ſaiſis, ſauf à leurs Creanciers à ſe pourvoir ſur leurs autres biens, &c.

Du 25. Septembre 1688.

Arreſt du Conſeil, portant que les Officiers de l'Election & Grenier à Sel d'Amboiſe, reſtitueront au Sieur Laugeais, Commis à la Recette du Grenier à Sel de ladite Ville, la ſomme de cent ſoixante-dix-ſept livres dix ſols faiſant partie de celle de cent quatre-vingt livres dix ſols qu'ils ont reçûë, déduction faite de trois livres, pour le droit d'Enregiſtrement de la Procuration & Commiſſion dudit Laugeais, à ce faire contraints ſolidairement.

SUITE DE LA TABLE DES ARRETS

& Reglemens, rendus pour le Bail de Me Pierre Domergue, pendant les mois d'Octobre, Novembre, & Decembre 1688.

Du douze Octobre 1688.

ARREST du Conseil d'Estat du Roy, en faveur des Interressez de la Compagnie du Levant du Bureau de Paris, Qui fait deffenses aux Proprietaires, Fermiers & Receveurs des Peages qui se levent sur le Rosne, de les troubler en la faculté du Transit à eux accordée par les Arrests du Conseil y specifiez, qui seront executez : Et leur fait mainlevée des Marchandises sur eux saisies, &c.

Du douze Octobre 1688.

Arrest du Conseil, Qui ordonne que conformément à l'Avis de Mr de Basville, Intendant du Languedoc, le Bail des Regrats de la Generalité de Montpellier, passé au nommé Fidez, sera axecuté : Et fait deffenses au nommé Troussel de l'y troubler, &c.

Du douze Octobre 1688.

Arrest du Conseil, Qui décharge le Pastel du cru de la Province de Languedoc, des Droits de Traites Domaniales, de ceux des Cinq grosses Fermes, Convoy & Comptablie de Bordeaux, Prevosté de Nantes, Doüanne de Lion & Valence, Tiers-sur-Taux & Quarantiéme de la Ville de Lion : Et qui Ordonne à l'égard des Droits Forains, que le payement en sera continué, sur le Pastel qui sortira de ladite Province, pour les Païs Estrangers & Provinces reputées Etrangeres, &c.

Du dix-neuf Octobre 1688.

Arrest du Conseil, Qui aprouve la Societé entre Domergue & Veron, de la Sous-ferme du Tabac en Corde de Provence; avec les consentemens donnez de part & d'autre, pour compter par ledit Veron, de Clerc à Maistre de la premiere année du Bail.

Du six Novembre 1688.

Arrest du Conseil, Qui ordonne que les Habitans de Cher-

bourg, conviendront avec Me Pierre Domergue, d'un lieu
commode pour y employer les Sels blancs des Marais de
Croiſſy : Et d'un autre lieu pour y emplacer le Sel gris, qui
ſe a payé à quatre livres le Minot.

Arreſt du Conſeil, Qui ordonne que le Procés inſtruit par
Mr de Berullier, Intendant à Lion, contre le Sieur Guay,
Maiſtre des Ports à Lion, ſera par luy Jugé en dernier reſſort,

Arreſt du Conſeil, En interpretation de celuy du quatorze
Aouſt 1685. Concernant les Marchandiſes de Levant.

* Arreſt du Conſeil, Qui ordonne qu'à commencer au pre-
mier Decembre prochain, il ſera levé & perçû pour tous
Droits d'Entrées, ſur les Charbons de Pierre & de Terre
entrans dans le Royaume, & qui y ſeront apportés par Mer,
Vingt-quatre ſols pour Baril & Banne, conformément au
Tarif du dix-huit Avril 1667.

* Arreſt du Conſeil, Portant qu'il ſera payé la ſomme de
Douze livres pour tous Droits d'Entrées de chaque Bœuf ou
Vache gras ou maigre, venant de la Flandre Eſpagnole & autres Païs Eſtrangers, dans les Villes & autres lieux de la Flandre Françoiſe : Et execution de l'Arreſt du 4. Aouſt dernier.

* Arreſt du Conſeil, Qui ordonne que l'Article IV. du Titre
deux de l'Ordonnance de 1687. ſera executé ; En conſequence
que les Marchands ſeront tenus de faire leur Declaration de
leurs Marchandiſes, tant pour l'Entrée, que pour la Sortie,
contenant la quantité, le poids, nombre & meſure : Et qu'à
l'égard des Marchandiſes ſujetes à dechet & coulage, les droits
en ſeront payez à l'Entrée, ſur le pied du poids effectif, &c.

* Arreſt du Conſeil, Portant qu'au lieu des Droits portez
par les Tarifs des 18. Septembre 1664. & 13. Juin 1671. Il ſera
levé à commencer du premier Decembre prochain, ſur les
Dentelles & petites Veniſes, Quarante livres du cent peſant ;
Sur les Draps & Etoffes de Soye & de Velours, Vingt livres

de chaque livre pesant ; Et sur les Tableaux & Peintures
Vingt sols de chaque livres pesant, pour tous Droits d'Entrée
sur lesdites Marchandises, venant de la Flandre Espagnole
dans la Flandre Françoise , &c.

Du vingt-trois Novembre 1688.

Arrest du Conseil , Qui fait mainlevée d'une Saisie de 6372.
livres fait à Gex, sur les Receveur & Fermier de l'Abbaye de
Saint Claude , en Franche-Comté , qui alloient porter cette
somme à Geneve pour en faire l'échange.

Du vingt-trois Novembre 1688.

Arrest du Conseil , Qui ordonne la levée de Six livres sur
chaque Barique d'Eau-de-Vie, qui sortira par Marens pour les
Païs Estrangers : Et à l'égard de celles qui seront déclarées audit
Marens , pour estre transportées par Acquit à Caution à la
Rochelle , qu'elles seront marquées d'une Roüanne ; & si elles
sont portées ausdits Païs Estrangers , elles payeront lesdites
Six livres , &c.

Du trente Novembre 1688.

Arrest du Conseil d'Estat du Roy, Portant que les Arrests
des 27. Janvier 1687. & 14. Aoust 1688. Concernant le debit
des Toiles peintes des Indes , seront executez : Et deffend à
toutes personnes de troubler les Directeurs de la Compagnie
des Indes , dans leur Commerce , &c.

Du sept Decembre 1688.

* Arrest du Conseil, Qui ordonne conformément aux Articles
VIII. & IX. du Titre quatre de l'Ordonnance des Gabelles ,
du mois de May 1680. qu'il ne sera délivré aucun Sel au peu-
ple , qu'il n'ait esté deux ans pour le moins dans le Grenier
ou dans le Depost.

* *Du sept Decembre* 1688.

Arrest du Conseil, Qui ordonne que les Officiers reservez,
dans les Elections & Greniers à Sel , dépendans de la Ferme
generale des Gabelles de France , seront tenus de se départir,
pour assister aux Ouvertures des Chambres dépendantes desdits Greniers , aux jours & heures ordinaires, pour y tenir
Registres des Ventes ; faire faire l'emplacement des Sels & y
exercer la Justice , à peine de radiation de leurs Gages , &c.

* *Du sept Decembre* 1688.

Arrest du Conseil, Qui oblige ceux qui se rendront Adjudicataire des Draperies étrangeres, qui auront été saisies entrant en fraude, & confisquées, de les transporter hors du Royaume.

Du sept Decembre 1688.

* Arrest du Conseil , Qui exempte le Bœuf sallé d'Irlande , qui entrera dans le Royaume , par les Ports du Havre, Nantes, S. Malo , la Rochelle & Bordeaux, & y qui sera déclaré pour les Isles Françoises de l'Amerique , du Droit porté par l'Arrest du vingt-neuf Juin dernier, &c.

Du sept Decembre 1688.

* Arrest du Conseil , Qui regle les Droits d'Entrée des Couvertures de laine, venans des Païs Estrangers : Et qui deffend de les faire entrer par d'autres Ports que par ceux de Calais & Saint Valery.

Du sept Decembre 1688.

Arrest du Conseil , Qui commet des Juges, pour instruire les differens qui interviendront au sujet des Contraventions à l'Ordonnance de 1681. pour le fait du Tabac, dans les trois Eveschez de Metz, Toul & Verdun.

Du quatorze Decembre 1688.

Arrest du Conseil, qui ordonne que les nouveaux Ouvrages faits en l'Hôtel des Fermes à Versailles, seront visitez & reveus par le Sieur Marcou , & le prix d'iceux payé par Domergue & Charriere , dont ils seront remboursez par les Fermiers qui leur succederont.

Du vingt-un Decembre 1688.

Arrest du Conseil , Qui ordonne que les Scellez apposez par les Officiers de l'Election & Grenier à Sel de Monfort-la-Maury , sur les deniers & Effets du Sieur Fromerie , vivant Receveur audit Grenier à Sel , seront levez par lesdits Officiers en presence du Lieutenant General & Prevost dudit lieu & des Opposans ou eux deuëment appellez.

* *Du vingt-huit Decembre* 1688.

Arrest du Conseil , Qui ordonne que pendant six mois , à commencer du premier Janvier de l'année prochaine 1689. les Vaisseaux Estrangers qui Entreront & Sortiront des Ports & Havre du Royaume, seront dechargez du payement de Cinquante sols pour Tonneau de Droit de Fret.

SUITE DE LA TABLE

DES Déclarations du Roy, Arrests & Reglemens rendus pour le Bail de Maître Pierre Domergue, pendant les mois de Janvier, Février & Mars de l'année 1689.

Du 15. Janvier 1689.

ARREST du Conseil d'Etat, qui ordonne que dans un mois, du jour de la Signification d'iceluy, les Particuliers Engagistes des droits du Trépas de Loire & de la Traite-Foraine par Terre d'Anjou, remettront és mains de Mosieur le Controlleur General les Titres concernans la proprieté desdits droits.

Du 15. Janvier 1689.

Arrest du Conseil, portant que le Scellé apposé sur les deniers & effets du feu Sieur de Fromerie, Receveur au Grenier à Sel de Montfort, par les Officiers de l'Election & Grenier à Sel dudit lieu ; sera par eux levé : Fait défenses au Lieutenant General & Prevost de Montfort, d'en connoître ; & décharge le nommé Mestivier du Decret personnel contre luy décerné, & le rétablit en la fonction de son Office, &c.

Du 15. Janvier 1689.

Arrest du Conseil, qui ordonne que la procedure commencée par les Officiers de l'Admirauté, pour raison de la saisie faite d'un Vaisseau, & de cent treize Ballots de Meubles, Hardes & Vaisselle d'argent trouvez dans iceluy, sera continuée par lesdits Officiers, &c.

A

dre les toilles de cotton blanches feront rompus & brifez: fait défenfes à la Compagnie des Indes Orientales & à tous les Sujets du Roy, de vendre & acheter aucunes toilles peintes; que les Directeurs de ladite Compagnie reprendront celles qu'ils ont venduës, qui font reftées entre les mains des Marchands, en leur en rembourfant le prix, & les envoyeront hors du Royaume, &c.

Du 11. *Février* 1689.

Arreft de la Cour du Parlement de Bretagne, qui ordonne aux Juges Prefidiaux & Royaux de la Province, d'énoncer par les Sentences de condamnation d'amende, contre les Fraudeurs de Tabac, la peine du Carcan, fi les Condamnez ne payent lefd. amendes aufquelles ils auront été condamnez dans trois mois: Et que s'ils ne relevent appel dans led. tems, lefd. Sentences, feront executées, & pafferont en force de chofe jugée.

Du 15. *Février* 1689.

Arreft du Confeil, par lequel conformément aux Arrefts des dix Septembre 1668. treize Janvier 1670. & deuxiéme Decembre 1671. Il eft ordonné que les bas de Soye & de Laine, qui feront apportées des Païs Eftrangers par mer, ne pourront entrer dans le Royaume, que par les Ports de Roüen, Nantes, la Rochelle & Bordeaux; Où les droits d'entrées feront payées, fuivant le tarif du 18 Avril 1667. & feront marquez par les Commis defd. Bureaux, &c.

Du 15. *Février* 1689.

Arreft du Confeil, qui ordonne que les Peaux de chevres apprêtées, & celles de Mouton paffées en blanc, jaune ou autres couleurs en façon de Chamois, qui feront apportées des Pays Eftrangers, ne payeront à l'entrée du Royaume, que les droits ordinaires, fuivant le Tarif du dix-huit Avril 1667.

Du 22. *Février* 1689.

Déclaration du Roy, portant augmentation de trente fols, fur chacun Minot de Sel qui fera vendu, dans les Greniers & Cham-

Du 8. Mars 1689.

Arrest du Conseil, qui permet à tous les Sujets du Roy des Provinces de Normandie, Picardie, Soissonnois, Champagne, Bourgogne, Berry, Bourbonnois, Orleans, Touraine, Anjou, Poiĉtou, Xaintonge, Païs d'Aulnix, Auvergne & Languedoc, de vendre & faire sortir par les Bureaux établis aux extremitez d'icelles, les bleds, fromens, méteils & autres grains, pour être portez en tels Royaumes, Etats & Provinces qu'ils aviseront, jusqu'au premier Juillet prochain, sans payer aucuns droits.

Du 8. Mars 1689.

Arrest du Conseil, qui proroge jusques au premier Octobre prochain la reduction & moderation des droits qui se levent sur les vins & eaux-de-vie, voiturez par la riviere de Loire, pour être transportez hors du Royaume, ou dans la Province de Bretagne.

Du 8. Mars 1689.

Arrest du Conseil, qui proroge jusqu'au premier Octobre prochain, la diminution de quarante sols sur chacun muid de vin mesure de Paris, qui seront transportez, tant par mer que par terre, des Provinces de Normandie, Picardie, Soissonnois, Champagne, Bourgogne, Bresse, Poiĉtou, Aulnix, Berry, Bourbonnois, Anjou & le Maine, dans les Pays Estrangers, ou Provinces réputées Estrangeres.

Du 8. Mars 1689.

Arrest contradictoire du Conseil d'Estat, qui décharge Me Pierre Domergue, Fermier General des cinq grosses Fermes, des demandes à luy faites par Jacques le Vigneur, Simon Paschal & Pierre Richard : Et ordonne que les sommes par eux payées par forme de consignation, au Bureau de Roüanne, pour les droits de subvention par doublement, des vins qu'ils y ont fait passer debout, pour venir à Paris, luy appartiendront diffinitivement.

Du 8. *Mars* 1689.

Arreſt du Conſeil, qui décharge les Caſtors provenans des Colonies Françoiſes de Canada , qui ſont apportez dans le Royaume , pour le compte des Fermiers du Domaine d'Occident, des droits portez par l'Arreſt du vingt-quatre Mars 1685 , &c.

Du 8. *Mars* 1689.

Arreſt du Conſeil, qui ordonne que Me Pierre Domergue, ſes Procureurs & Commis, recevront les trente ſols pour minot de ſel dans les Greniers & Chambres des Fermes des Gabelles de France & Lionnois, & vingt ſols dans les Gabelles de Languedoc , Provence & Dauphiné : Augmentez par les Déclarations du Roy , du 22. Février 1689. à commencer du premier Avril prochain : Et enjoint aux Officiers deſdits Greniers & Chambres d'en faire faire la levée, & de faire le Regalement deſdits trente ſols & vingt ſols, ſur le ſel qui ſe vend par Regrat à petites meſures , où elles ſont établies , &c.

Du 8. *Mars* 1689.

Arreſt du Conſeil, portant que Me Pierre Domergue jouira des trente ſols pour minot de Sel d'augmentation du prix d'iceluy, dans les Greniers & Chambres à Sel d'impoſt & ventes volontaires, des Fermes des Gabelles de France & Lionnois : Et vingt ſols en celles de Provence , Dauphiné & Languedoc : En payant au Treſor Royal , tant que ladite impoſition ſubſiſtera , un million de livres par chacun an; Et à la charge de compter de l'excedent ſur les Certificats de vente , &c.

Du 8. *Mars* 1689.

Arreſt du Conſeil , qui ordonne que dans les Greniers des Gabelles de France , où l'impoſt du Sel du quartier prochain, a été levé & diſtribué par les Collecteurs dudit impoſt, avec celuy du preſent quartier , ſur le prix fixé par l'Ordonnance du Roy du mois de May 1680. Il fera par lefdits Collecteurs levé & perçû fur les Redevables dud. impoft, trente fols pour minot de Sel d'augmentation, fuivant le Regalement qui en fera fait en la maniere accoutûmée, à quoy faire ils feront contraints, &c.

Du 15. Mars 1689.

Arreft du Confeil, qui ordonne aux Directeurs de la Compagnie des Indes Orientales, de prendre dans deux mois les toiles de Cotton peintes aux Indes, qu'ils ont venduës és années 1685. 1686 & 1687. & qui fe trouveront au même eftat, pour être envoyées, & les autres qui fe trouveront és mains des Marchands, hors du Royaume, fans payer aucuns Droits, &c.

Du 15. Mars 1689.

Arreft du Confeil, qui ordonne que Me Pierre Domergue, aura la faculté de vendre & faire debiter par fes Procureurs & Commis, toutes forte de Tabacs en feüilles, cordes, roulleaux & en poudre, dans tous les lieux des Prevoftez reünies aux trois Evêchez de Metz, Toul & Verdun, & du Barrois, en payant fuivant fes offres, la fomme de fix mille livres par chacun an, outre & par deffus le prix de fon Bail.

Du 29. Mars 1689.

Arreft du Confeil, qui commet le fieur Pentaleon, Lieutenant General au Bailliage de Metz, au lieu & place du Sr Pontet, pour juger les differens qui furviennent touchant le commerce du Tabac, en l'étenduë du département de Metz.

SUITE DE LA TABLE

DES Arrests & Reglemens rendus pour le Bail de Maître Pierre Domergue, pendant les mois d'Avril, May & Juin 1689.

Du 5. Avril 1689.

ARREST du Conseil, portant en cas de refus, par les Officiers de l'Election & Grenier à Sel de Moulins, d'assister aux ouvertures de la Chambre de Saint Pierre le Moustier, qu'il sera par le Sieur d'Aquin Commissaire départi en la Generalité de Moulins, Commis l'un des Officiers du Presidial ou autre Jurisdiction de Saint Pierre le Moustier, pour faire la fonction de Juge de lad Chambre, garder une des clefs du Grenier, tenir Registre des ventes, &c.

Du 5. Avril 1689.

Arrest du Conseil, qui ordonne que le Tarif du mois d'Avril 1667. sera exécuté : Ce faisant que les Huilles de Balaines, provenans de la Pêche des Estrangers, payeront à l'entrée du Royaume, douze livres pour chacune Barique, &c.

Du 12. Avril 1689.

Arrest du Conseil, qui ordonne que les Tabacs du crû du Royaume sortis par Marseille, pour les Païs Estrangers, n'en pourront plus être rapportez ; à peine d'amende & de confiscation, &c.

Du 12. Avril 1689.

Arrest du Conseil, qui evaluë les Tabacs de Tonneins, Saint Porquier, Clairac & autres lieux circonvoisins : Ordonne qu'ils payeront les droits forains, à raison de vingt-trois deniers de la

A

non naturalifez, payeront les droits de courtage à la Rochelle.
Et le droit de Fret du premier tonneau, pour les Navires &
Barques qui auront fretté à ladite Ville, &c.

Du 10. Mai 1689.

Arreſt du Conſeil, qui regle les droits d'entrée des peaux de
Veaux corroyées, qui feront apportees des Païs Eſtrangers dans
le Royaume, à ſix livres de chaque douzaine de peaux.

Du 10. Mai 1689.

Arreſt du Conſeil, qui ordonne que tous les Cuirs tannez &
corroyez venans des Païs eſtrangers, comme auſſi les vaches de
Rouſſy & les peaux de veaux & autres paſſees en couleur, payeront pour tous droits d'entrées dans le Royaume, vingt pour
cent de leur valeur ; à l'exception des peaux de Chevres & de
Mouton propres aux Manufactures de Gans, &c.

Du 14. Mai 1689.

Arreſt du Conſeil qui proroge & continue juſqu'au dernier
Decembre 1689. la décharge du payement de cinquante ſ. pour
tonneau du droit du Fret, ſur les vaiſſeaux Eſtrangers, qui entreront & ſortiront des Ports & Havres du Royaume.

Du 14. Mai 1689.

Arreſt du Conſeil, qui défend l'uſage des toilles de Lin & de
Chanvre peintes, & d'en imprimer & peindre, d'en vendre &
expoſer en vente, à peine, &c.

Du 24. Mai 1689.

Arreſt du Conſeil, qui nomme Monſieur Brunet de Rancy,
pour remplir la place de Monſieur Brunet ſon frere, dans la
Ferme des Gabelles, cinq groſſes Fermes de France & autres
y jointes, du Bail de Maiſtre Pierre Domergue, &c.

chands négocians & autres Habitans des Villes & Païs conquis ou cedez à Sa Majesté en Flandres : Et leur permet au lieu du Bureau de Strasbourg, de faire sortir leurs Manufactures par le Bureau de Langres.

Du 14. *Juin* 1689.

Arrest du Conseil, qui ordonne, sans s'arrêter à la Sentence des Elûs de Carentan, du 17. May 1688. ny à l'Arrest de la Cour des Aydes de Roüen, du 14. Mars dernier, que Sa Majesté a cassez. Que l'Article XXVII. de l'Ordonnance du mois de Juillet 1681. sur le fait du Tabac, & l'article XIX. du titre commun pour toutes les Fermes, seront exécutez. Déclare dix-huit rolles de Tabac d'Angleterre, trouvez dans la maison du nommé Rovelle, acquis & confisquez au profit de Me Pierre Domergue: Condamne led. Rovelle en 500. liv. d'amende ; fait défenses à lad. Cour & Officiers des Elections de rendre de semblables Jugemens & Arrêts. Ordonne que l'Arrest du 18. Mars 1687. sera enregistré au Greffe de lad. Election, en payant la somme de 20. liv: Et que les Commis des Gabelles & Traittes ayans Serment à Justice, execeront pour le Tabac, &c.

Du 21. *Juin* 1689.

Arrests du Conseil, qui permet à tous les Sujets de Sa Majesté des Provinces de Normandie, Picardie, Soissonnois, Champagne, Bourgonne, Berry, Bourbonnois, Orleans, Touraine, Anjou, Poictou, Xaintonge, Païs d'Aulnix, Auvergne & Languedoc, de vendre & faire sortir les Bleds fromens, méteils & autres grains, en tels Royaume, Estats & Provinces qu'ils aviseront bon être jusqu'au 31. Decembre prochain, sans payer aucuns droits.

Du 21. *Juin* 1688.

Arrest du Conseil, qui casse un Arrêt de la Cour des Aydes de Roüen du douze Mars dernier : Et ordonne que la Sentence du Me des Ports de Roüen, du douze Juin 1688. contre les nommez Luillier & Chenu, Marchands de lad. Ville, qui confisque du Drap & des Dentelles venans d'Amsterdam, & les condamne en deux mille livres d'amende , sera exécutée, &c.

*

Du 21. *Juin* 1689.

Arrest du Conseil, qui casse un Arrest de la Cour des Aydes de Roüen , du vingt-neuf Mars dernier : Et ordonne que la Sentence du Juge des Traites de Honfleur, du vingt-quatre Avril 1688. portant confiscation de soixante-quinze Barils de beurres non declarez , saisis sur Jean Keaven , & le condamne en cent livres d'amende , sera exécutée selon sa forme & teneur.

Du 21. *Juin* 1689.

Arrest du Conseil , portant que le nommé le Prieur & Compagnie , payeront la somme de onze cens vingt-deux l. deux s. contenuë en leur Promesse & Billet , pour les droits d'entrée du plomb venu de Londres , à quoy faire ils seront contraints , &c.

Du 21. *Juin* 1689.

Arrest du Conseil , qui casse un Arrest de la Cour des Aydes de Roüen , du dix Mars dernier , sur l'Appel d'une Sentence du Me des Ports de lad. Ville, concernant une saisie de trois Balots de laine, dans lesquels étoient vingt Paquets de Soye , sur Loüis Buffier & Baltazard Remond: Evoque le principal, & avant faire droit , ordonne que les Parties remettront leurs pieces pardevant le Sieur de Chamillart , Commissaire départy en la Generalité de Roüen , pour en dresser Procez verbal , &c.

Du 28. *Juin* 1689.

Arrest du Conseil, qui ordonne aux Officiers des Greniers & Chambres à Sel de la Ferme generale des Gabelles de France , d'assister à la délivrance , mesurage & emplacement des Sels destinez pour leurs Greniers & Chambres aussi tôt qu'ils seront arrivez : Et que les Mesureurs en titre qui seront employez, ne pourront prétendre que deux deniers par Minot , pour leurs droits & salaires , &c.

Du 28. Juin 1689.

Arreſt du Conſeil, qui ordonne, ſans s'rrrêter à la Sentence du Juge des Ports de Roüen, du ſeize May dernier, que conformément à l'article XIV. du titre deux de l'Ordonnance de 1687. les contraintes de Maiſtre Pierre Domergue, Fermier General des cinq groſſes Fermes, ou ſes Commis, ſeront exécutées : Et fait défenſes audit Juge des Ports & tous autres d'en empêcher l'exécution, ſous pretexte qu'elles ne ſont viſées, &c.

*Du 28. Juin 1689.

Arreſt du Conſeil, portant que l'Article XIV. de l'Ordonnance du mois de Juillet 1681. pour le Tabac ſera exécuté : Et fait défenſes aux Apoticaires de la Ville de Clermont & tous autres, d'enſemencer leurs Terres de Tabac, ſous le nom de l'herbe de Nicotianne ou autre, à peine de confiſcation & de mil livres d'amende, &c.

Du 28. Juin 1689.

Arreſt du Conſeil, portant qu'il ſera informé des faits mentionnez au procez verbal du ſeize May dernier, concernant le Faux-ſaunage & commerce du Tabac en fraude, fait par deux Bataillons du Regiment des Fuziliers : & le Procez fait & jugé en dernier reſſort, au nommé Contry, Soldat & ſes Complices, par le Sieur Boſſüet, Intendant & Commiſſaire départi en la Generalité de Soiſſons, ou ſon Subdelegué, avec les Officiers du Preſidial de Laon.

Du 28. Juin 1689.

Arreſt du Conſeil, qui renvoye au Sieur Chamillart, Intendant & Commiſſaire départi en la Generalité de Roüen, la Requeſte de Me Pierre Domergue, contre les Receveurs des poids de la Vicomté de l'Eauë à Roüen & au Havre, pour entendre les Parties, en dreſſer procés verbal, & en donner ſon avis, &c.

SUITE DE LA TABLE DES ARRETS
& Reglemens , rendus pour le Bail de Me Pierre Domergue , pendant les mois de Juillet , Aoust , & Septembre 1689.

Du 12. Iuillet 1689.

ARREST du Conseil , Portant qu'à l'avenir il sera payé & perceu sur les Huilles , qui seront apportées d'Espagne & autres Païs estrangers, dans la Province de Languedoc, la somme de Trois livres dix sols , portez par le Tarif de la Doüane de Lion.

Du douze Juillet 1689.

* Arrest du Conseil, qui ordonne qu'à commencer du vingtiéme du present mois de Juillet , il sera levé & perceu à l'Entrée des Villes & Lieux conquis par le Roy , & qui luy ont esté cedez és Païs-bas, sur les Soyes Ardasses, teintes & tories , venans tant de la Ville d'Anvers , que d'autres Villes & Païs estrangers , quinze sols de chaque livre pesant.

Du douze Juillet 1689.

Arrest du Conseil , qui décharge le Sieur le Droit , Conseiller Secretaire du Roy , Receveur general des Gabelles, Cinq grosses Fermes & autres Unies , de l'Assignation à luy donnée aux Requestes du Palais, sur une Saisie faite en ses mains à la Requeste de Jean & Alexandre Jamesle , & des Condamnations qui pourroient estre renduës contre luy , &c.

Du vingt-six Juillet 1689.

* Arrest du Conseil d'Estat du Roy , Pour la délivrance & l'Employ dans les Estats des Franc sallez qui seront arrestez au Conseil , de la quantité de Minots de Sel attribuée aux Officiers y specifiez , créez par les Edits & Declarations des mois de Fevier, Avril & Juillet de la presente année.

Du vingt-six Juillet 1689.

Arrest du Conseil, qui maintient les Habitans de la Ville d'Auxonne, en la joüissance de leurs Privileges & Exemptions ; Et leur permet de negocier, trafiquer & transporter dedans & dehors le

Royaume, ce qui sera de leur creu & Manufactures & autres,
aux Charges & Conditions y portées.

Du deux Aoust 1689.

Arrest du Conseil, qui ordonne que le Bail fait à Maistre Pierre
Mabille, de la Vente du Tabac en Poudre, dans les Villes, Generalitez & Provinces y specifiées, sera executé selon sa forme & teneur : Et en consequence, qu'il sera contraint & ses Cautions, &
leurs Associez, au payement du prix dudit Bail, par les voyes y
portées, en vertu du present Arrest, &c.

Du neuf Aoust 1689.

Arrest du Conseil, qui Casse une Sentence des Juges de la
Doüane de Lion, du cinq Juillet 1688. Et Ordonne que les nom-
mez Frachot, seront tenus de payer les Droits des Chapeaux de
Castors, qu'ils ont fait venir de Paris en ladite Ville, sur le pied
de vingt sols la piece : Conformément au Tarif de la Doüane de
Lion, du vingt-sept Octobre 1632. qui sera executé, &c.

Du neuf Aoust 1689.

Arrest du Conseil, Qui Ordonne que les Informations & Procedures commencées par le Prevost des Mareschaux d'Amiens,
pour raison des violences & voyes de fait commises contre le
Commissaire & Gardes à la Conduite de la Chaisne, seront continuées par le Sieur Chauvelin, Conseiller de Sa Majesté,
Commissaire departy en la Generalité d'Amiens, & le Procés
fait aux Coupables en dernier ressort, &c.

Du treize Aoust 1689.

* Arrest de la Cour des Aydes Qui ordonne que les Voituriers
& Marchands, qui tireront des Vins des Provinces de Languedoc, Provence & Dauphiné, Entrans dans la Province de
Lionnois, seront tenus au premier Bureau d'Entrée establis en
icelle, de faire leur Declaration de la quantité & du crû desdits Vins, & des Lieux de leur destination : Avec Soûmission
de payer les Droits de Double Subvention.

Du seize Aoust 1689.

Arrest du Conseil d'Estat du Roy, qui décharge les Laines destinées pour la Manufacture des Draps establie en la Ville de
Strasbourg, de l'Ancien Droit qui se leve sur les Laines sortant
du Royaume, jusques à la concurrence de vingt mil livres pesant par an, &c.

Du vingt-trois Aoust 1689.

Arrest du Conseil, Qui Ordonne que le Procureur General en

la Cour des Aydes de Roüen, envoyera au Sieur Contrôlleur General des Finances, les motifs des Arrefts rendus par ladite Cour, les deux Avril 1686. quatorze Juillet 1688. & quatre May dernier, concernant des Condamnations contre plufieurs Faux-Sauniers.

Du vingt-trois Aouft 1689.

Arreft du Confeil, qui ordonne que le Bail fait à Jacques Valois, du Tabac en Poudre des Generalitez d'Amiens, Soiffons, Chaâlons & autres lieux, fera executé: Et qu'il fera contraint & fes Cautions, au payement du prix d'iceluy, par les voyes y portées, &c.

Du vingt-fept Aouft 1689.

Arreft du Confeil, Portant que le Procureur General de la Cour des Aydes de Montauban, envoyera au Confeil, les Motifs fur lefquels les Arrefts des vingt Avril & quinze Juillet derniers, ont efté rendus, concernans des Droits de la Patente de Languedoc: Et cependant que les Droits de Traite & Foraine dont eft queftion, feront levez en la maniere accoûtumée.

Du trente Aouft 1689.

Arreft du Confeil, qui ordonne que l'Acte de Societé fait entre Maiftre Pierre Domergue, & Eftienne Veron & fes Cautions, apres le Bail à eux fait du Droit du Tabac en Corde de Provence, le dix-fept Octobre 1688. fera executé; Et en confequence que les Intereffez pour moitié en ladite Societé, feront contraints au payement de ce qu'ils doivent de leur part du prix du Bail de la prefente année & du prix des Tabacs en Cordes acheptez par leurs Ordres, &c.

Du fix Septembre 1689.

Arreft du Confeil, Qui proroge & continuë jufques au premier Avril de l'année prochaine 1690. la Reduction & Moderation des Droits qui fe levent fur les Vins & Eauës de Vie voiturez par la Riviere de Loire, pour eftre tranfportez hors du Royaume, & dans la Province de Bretagne.

Du dix Septembre 1689.

Arreft du Confeil, Portant que l'Ordonnance du mois de Fevrier 1687. fera executée; Que les Marchands & Voituriers qui prendont des Acquits à Caution, feront tenus de rapporter des Certificats en bonne forme au dos defdits Acquits, de la Defcente des Marchandifes au lieu de leur deftination, dans le temps porté par iceux: Et fait deffenfes aux Juges des Traittes, & Cours Superieures, d'admettre la preuve par Témoins, des faits contraires à la difpofition de ladite Ordonnance, à peine, &c.

Du treize Septembre 1689.

Arreſt du Conſeil, qui ordonne que le Bail des Dix ſols pour minot de Sel, fait par la Chambre Apoſtolique de la Vice-Legation d'Avignon, à Maiſtre Antoine Vincent Guyon, ſera executé, & les Droits levez & perceus au nom de Sa Majeſté, &c.

Du treize Septembre 1689.

Arreſt du Conſeil, qui évoque l'Inſtance pendente en la Cour des Aydes de Libourne; Entre le Receveur des Droits de la Coûtume de Bayonne; Et Pierre Salleneuve, Bourgeois & Courtier de Change de la Ville de Bayonne, ſur l'Appel par luy interjetté d'une Sentence renduë par le Maiſtre des Ports de ladite Ville, le dix-huit Juin dernier, pour fauſſe Declaration; & luy fait deffenſes d'y faire aucunes pourſuites pour raiſon de ce, &c.

Du vingt Septembre 1689.

Arreſt du Conſeil, Portant Qu'il ſera Procedé à la Publication de la Ferme du Tabac, des Generalitez de Paris, Orleans, Tours, Roüen, Caën, Alençon, Lionnois, Dauphiné, Provence & Languedoc, à la folle enchere de Pierre Mabille, Sous-Fermier d'icelle, & de ſes Cautions, &c.

Du vingt Septembre 1689.

Arreſt du Conſeil, Portant Qu'il ſera Procedé à la Publication de la Ferme du Tabac en Poudre, des Generalitez d'Amiens, Soiſſons, Chaalons, & autres Lieux, à la folle enchere de Jacques Vallois, Sous-Fermier d'icelle, & ſes Cautions, &c.

Du vingt Septembre 1689.

Arreſt du Conſeil, Qui Caſſe une Sentence des Eſleus de Caudebec, du treize Aouſt dernier, qui a condamné un Débitant Tabac dudit lieu, en vingt livres d'Amende, pour n'avoir preſté Serment: Et renvoye les Parties en la Cour des Aydes de Roüen, pour y proceder, &c.

Du vingt-ſept Septembre 1689.

Arreſt du Conſeil, Qui Ordonne, Que la Sentence des Officiers de l'Eſlection de Melun, du dix Aouſt dernier, qui deffend au nommé Petit, Voiturier, de parachever le Four à Plaſtre qu'il fait faire prés des Greniers à Sel, & d'y mettre le feu, ſera executée ſans s'arreſter à celle du Prevoſt de ladite Ville, du dix du preſent mois.

SUITE DE LA TABLE

DES DECLARATIONS DU ROY, ARRESTS
& Reglemens, rendus pour le Bail de Mᵉ Pierre Domergue, Pendant les mois d'Octobre, Novembre & Decembre 1689.

Du 4. Octobre 1689.

ARREST du Conseil, concernant le Tabac, Qui renvoye une Requeste de Mᵉ Pierre Domergue, à Monsieur de Basville, Intendant en Languedoc; Pour entendre les Parties dénommées en l'Arrest de la Cour des Aydes & Finances de Monpellier, dresser son Procés Verbal de leurs Dires & Contestations, & donner son Avis, pour le tout envoyé, veu & raporté au Conseil, estre Ordonné ce qu'il appartiendra.

Du 25. Octobre 1689.

* Declaration du Roy, Pour la Levée par Augmentation, de Trente sols sur chacun Minot de Sel, qui sera vendu dans tous les Greniers & Chambres de la Ferme des Gabelles de France, & de celle de Lionnois, soit d'Impost ou de Vente volontaire; Outre & pardessus les Trente sols portez par la Declaration du vingt-deux Février dernier.

Du 25. Octobre 1689.

* Declaration du Roy, Portant Augmentation de Vingt sols, sur chacun Minot de Sel, qui sera vendu dans les Greniers, Chambres & autres Lieux de la Ferme des Gabelles de Languedoc, &c.

Du 25. Octobre 1689.

* Declaration du Roy, Pour la Levée par Augmentation de Vingt sols sur chacun Minot de Sel, dans l'étenduë des Gabelles de Provence; Outre & pardessus ce qui se leve à present.

Du 25. Octobre 1689.

* Declaration du Roy, portant augmentation de Vingt sols sur chacun Minot de Sel dans l'étendué des Gabelles de Dauphiné, outre & pardessus les Vingt sols portez par la Declaration du vingt-deux Fevrier dernier.

Du 29. Octobre 1689.

* Arrest du Conseil, qui ordonne, qu'en attendant l'Enregistrement des Declarations du Roy, du vingt-cinq du present mois, pour la levée par augmentation de Trente sols sur chacun Minot de Sel, dans l'étenduë des Gabelles de France & Lyonnois, & Vingt sols en celles de Languedoc, Provence & Dauphiné, Me Pierre Domergue, ses Procureurs & Commis, en feront la levée & perception, à commencer du premier Novembre prochain : Et enjoint aux Officiers des Greniers & Chambres de faire le Regalement desdits Trente sols & Vingt sols, sur le Sel qui se vend à petites Mesures, où elles sont établies, à proportion de chacune, &c.

Du 29. Octobre 1689.

Resultat du Conseil, qui ordonne que Me Pierre Domergue, recevra & joüira des Trente sols pour chacun Minot de Sel d'augmentation, dans les Greniers & Chambres d'Impost & vente volontaire des Fermes des Gabelles de France & Lyonnois, & Vingt sols dans celles de Provence, Dauphiné & Languedoc, conformement aux Declarations du Roy du vingt-cinq du present mois, & Arrest de ce jourd'huy, à la charge de payer au Tresor Royal, la somme d'un million

de livres pour chacune année de joüiffance, & de compter de
l'excedent du produit, &c.

Du 29. Octobre 1689.

*   Arreft du Confeil, qui accorde par provifion aux Intereffez au Bail de Me Pierre Domergue la fomme de trois Millions de livres de furféance, fur le prix de la feconde année
dudit Bail : Et qu'ils feront tenus de remettre és mains de Monfieur de Pontchartrain, des Eftats du produit de chacune année,
pour y eftre pourvû, &c.

Du 29. Octobre 1689.

Arreft du Confeil, qui renvoye pardevant Monfieur de
Pommereu, les Marchands & autres qui font Trafic des Moluës & Sardines à Nantes, & M' Pierre Domergue ou fes Commis; pour convenir de la quantité du Sel neceffaire pour faler
chacun Baril de Moluës & Sardines, &c.

Du 30. Octobre 1689.

Ordonnance du Roy, portant deffenfes à tous Chefs, Officiers,
Cavaliers, Dragons & Soldats de fes Troupes Françoifes &
Etrangeres, qui auront ordre de repaffer dans le Royaume,
pour aller dans les lieux de Garnifon & Quartier d'Hyver, de
fe charger d'aucunes Marchandifes Etrangeres, de Tabac, ny
de faux Sel, fur les peines y portées : Et qui permet aux Officiers, Commis & Gardes établis aux Paffages de la Frontiere,
de foüiller dans leurs Equipages, &c.

Du 8. Novembre 1689.

*   Arreft du Confeil, qui ordonne en execution du Tarif du
18. Avril 1667. & de l'Arreft du 18. Juin 1668. que les Droits
d'Entrée de foixante Caiffes de Fayance d'Hollande, que le
nommé Legrand, Marchand à Paris, a fait venir de Roüen,
feront payez fur le pied de vingt livres du cent pefant, &c.

Du 12. *Novembre* 1689.

Arreſt du Conſeil, qui ordonne que les Sous-Aſſociations faites en conſequence de l'Arreſt du vingtiéme Decembre 1687. demeureront nulles & reſoluës, choiſit les Sieurs de Courchampt, Cormery, Hocart, le Tellier, le Boulanger, le Normant, Henault & Doüilly, pour entrer en ſocieté és Fermes des Gabelles, Cinq Groſſes Fermes & autres Unies, à commencer du premier Octobre 1687. pour faire avec les vingt-deux Anciens le nombre de trente Intereſſez, &c.

Du 15. *Novembre* 1689.

* Arreſt du Conſeil, qui permet aux Gardes employez par Mᵉ Pierre Domergue, Fermier General des Gabelles, Cinq Groſſes Fermes, Doüannes de Lyon & Valence, Patentes de Languedoc & autres Fermes Unies, d'affirmer leurs Procés Verbaux, pardevant le plus prochain Juge Royal des lieux, &c.

Du 22. *Novembre* 1689.

Arreſt du Conſeil, qui ordonne que le meſurage des Sels voiturez pour le Grenier à Sel d'Exmes, ſera fait par le Meſureur en Titre dudit Grenier : Et en cas qu'il ne le puiſſe faire ſeul, permet à Maiſtre Pierre Domergue ou à ſon Commis aux deſcentes, de commettre d'autres perſonnes, dont les Officiers dudit Grenier ſeront tenus de prendre le ſerment, à peine, &c.

Du 22. *Novembre* 1689.

* Arreſt du Conſeil, qui fait deffenſes à toutes perſonnes d'apporter des Païs Etrangers & faire entrer dans le Royaume des Eſtoffes de Fil teint ou peint, appellez Droguets de Fil venans d'Allemagne, à peine de confiſcation & de trois mil livres d'amende.

Du 3. Decembre 1689.

Arreſt du Conſeil, portant que les Procedures commencées contre pluſieurs Faux-Sauniers, qui ont commis des violences contre les Gardes des Gabelles du Grenier à Sel de Laval, ſeront continuées par le Sieur Chenaye, Conſeiller au Preſidial de Tours, & le Procés jugé en dernier reſſort par Monſieur de Miroſmeſnil, &c.

Du 10. Decembre 1689.

Arreſt du Conſeil, , qui ordonne que les Droits d'Octrois accordez à la Ville de Langres, conſiſtant en Trois livres ſeize ſols ſix deniers obole, ſur chacun Minot de Sel qui ſe vend dans le Grenier de ladite Ville ; Et de Cinq ſols auſſi ſur Minot de Sel qui ſe vend dans le Grenier de Montſaugeon, ſeront receus à l'avenir par les Commis de l'Adjudicataire des Gabelles ; Auſquels il ſera payé par chacun an Deux cens livres à celuy de Langres, & Trente livres à celuy de Montſaugeon pour la remiſe à eux accordée, &c.

Du 11. Decembre 1689.

* Ordonnance du Roy, portant deffenſes à tous ſes Sujets, de faire entrer à l'avenir, dans les Païs de ſa domination, aucunes Epiceries, Drogueries, Toilles, Dentelles, Eſtoffes, Poiſſons, Bois, & generalement toutes ſortes de Marchandiſes, Denrées & Manufactures, venans des Païs de l'obéïſſance d'Eſpagne, & des Païs Etrangers qui en ſont voiſins, & de délivrer aucuns Paſſeports auſdits Sujets d'Eſpagne : le tout ſur les peines y contenuës.

Du 13. Decembre 1689.

Arreſt du Conſeil, qui ordonne que la ſomme de Cent ſoixante-quatre mil cent quarante-quatre livres quatre ſols, à laquelle montent les indemnitez accordées à Maiſtres Jean

Fauconnet & Pierre Domergue , pour les dix mil neuf cens quarante-deux Minots de Sel de Pecais , qui devoient estre fournis au Canton de Zuric par chacune des années 1687. 1688. & 1689. employé dans l'Estat des Gabelles de Lyonnois, sera payé au Tresor Royal , &c.

Du 13. Decembre 1689.

*   Arrest du Conseil, pour la levée des Droits portez par les Arrests des vingt-quatre Mars 1685. & vingt-cinq Janvier 1687. sur les Castors en Peaux & en Poil qui viendront des Païs Etrangers, dans les Ports du Royaume, permis par iceux ; même dans les Vaisseaux qui seront pris par les Armateurs François.

Du 31. Decembre 1689.

* Arrest du Conseil, qui ordonne que les Officiers du Grenier à Sel de Blois , seront contraints de rendre & restituer à Me Pierre Domergue, ou aux Lieutenans & Gardes de la Brigade des Gabelles établie à Blois , ce qu'ils ont receu au-delà des Quinze sols & Dix sols pour le Droit d'Enregistrement de leurs Commissions , reglez par l'Arrest du trente Septembre 1687. qui sera executé, &c.

Du 31. Decembre 1689.

* Arrest du Conseil, portant que le Bureau étably à Fontaine-Françoise , sera transferé à Saint Seine-sur-Vingenne, où les Marchands & Voituriers , seront tenus d'y faire leurs Declarations & acquitter les Droits : Et particulierement les Chevaux qui ne pourront entrer dans la Province de Bourgogne , que par ledit Bureau de Saint Seine, & par celuy de Saint Jean de Laone, conformément à l'Ordonnance du mois de Fevrier 1687. aux peines y mentionnées, &c.

Du dernier Decembre 1689.

* Arrest du Conseil, qui ordonne que les Laines d'Espagne,

destinées pour les Provinces qui sont dans l'étenduë des Cinq Grosses Fermes , venans par Terre par Bayonne ou par Bordeaux, durant l'année 1690. ne payeront pour tous Droits d'entrée que ceux portez par le Tarif du dix-huit Septembre 1664. &c.

SUITE DE LA TABLE

DES ARRESTS ET REGLEMENS RENDUS

pour le Bail de Maiſtre Pierre Domergue, Pendant les mois de Janvier, Fevrier, Mars, Avril, May & Juin 1690.

Du troiſiéme Janvier 1690.

*

ARREST du Conſeil d'Eſtat, Qui Ordonne, qu'à commencer du vingtiéme du preſent mois, il ſera levé à l'Entrée du Royaume, Quatre cens livres pour chacun Cent peſant de Criſtaux, venans des Païs Eſtrangers.

Du 10. Janvier 1690.

* Arreſt du Conſeil, Qui proroge juſqu'au premier Juillet de la preſente année, la Décharge du Droit de Cinquante ſols pour Tonneau de Fret, ſur les Vaiſſeaux Eſtrangers qui Entreront & Sortiront des Ports & Havres du Royaume.

Du 17. Janvier 1690.

* Arreſt du Conſeil, Portant qu'il ſera fondu des Meſures de Litron, Demy Litron, Quart & Meſurettes, Leſquelles aprés avoir eſté Eſtallonnées & Marquées, ſeront envoyées aux Juriſdictions des Viſiteurs des Gabelles de Lionnois ; Pour ſervir à l'Eſtalonnement des Meſures qui ſeront délivrées aux Fermiers des Regrats & leurs Prépoſez, pour la Vente & Diſtribution du Sel à petites Meſures, &c.

Du 17. Janvier 1690.

* Arreſt du Conſeil, pour faire employer dans les Eſtats

des Francs-Salez, qui feront arreftez au Confeil pour la préfente année & les fuivantes, Deux Minots de Sel, qui feront délivrez à chacun de ceux qui feront pourvûs des Offices de Payeurs des Gages & Droits des Officiers des Bureaux des Finances, créez par Edit du mois de Juillet dernier.

Du 17. Janvier 1690.

Arreft du Confeil, Par lequel Sa Majefté, en interpretant l'Arreft du douze Novembre 1689. Declare avoir delaiffé aux Sieurs Vallier, Vauxgé & Hotman, la joüiffance des Deux fols qu'elle s'eftoit refervée, dans la premiere année du Bail des Gabelles, Cinq groffes Fermes, & autres Unies, fait fous le nom de Maiftre Pierre Domergue ; Et Ordonne que tous les Intereffez feront Affociez & joüiront par égales portions de ladite Ferme, &c.

Du 17. Janvier 1690.

Arreft du Confeil, qui nomme le Sieur Martin, pour remplir la place du Sieur Hotman, & avoir le mefme intereft qu'il en avoit la Societé des Fermes-Unies du Bail de Maiftre Pierre Domergue.

Du 21. Janvier 1690.

Arreft du Confeil, qui ordonne, fans s'arrefter aux Lettres d'Eftat obtenuës par le Sieur Sailly, qu'il fera paffé outre au Jugement de l'Inftance pendante au Siege de la Table de Marbre à Paris, contre les Religieux de S. Barthelemy de Noyon ; Pour raifon d'une Chauffée qu'ils ont fait faire fur la Riviere de Somme, &c.

Du 24. Janvier 1690.

* Arreft du Confeil, qui ordonne que les Burails ou Crefpons de Zuric, ne pourront Entrer dans le Royaume, que par les Villes de Lion & d'Auxonne, en prenant des Ac-

quits à Caution aux Bureaux de Gex ou Coulonges, pour
ceux deſtinez pour Lion ; Et deffend tous autres Chemins
& Paſſages, &c.

Du 24. Janvier 1690.

Arreſt du Conſeil, qui décharge Maiſtres Jean Fauconnet & Pierre Domergue, ſucceſſivement Fermiers Generaux des Gabelles de France, Dauphiné & Provence, Cinq
groſſes Fermes & Doüane de Valence, de Compter par
Eſtat au vray devant les Treſoriers de France de Greno-
ble, mais ſeulement au Conſeil : Et fait deffenſes auſdits
Treſoriers, de faire aucunes pourſuites pour raiſon de ce, &c.

Du 31. Janvier 1690.

* Arreſt du Conſeil, qui ordonne, ſans s'arreſter à la
Sentence des Officiers du Grenier de Sezanne, du vingt-
cinq Septembre dernier, que Sa Majeſté a caſſée : Que les
Officiers dudit Grenier ſeront contraints au Payement du
Sel délivré à la Veuve Fay ; Et leur fait deffenſes & à tous
autres, d'en rendre de pareilles.

Du 4. Février 1690.

* Arreſt du Conſeil, Qui permet à Maiſtre Pierre Domergue, de payer aux Officiers du Grenier à Sel de Paris, &
auſdits Officiers de recevoir, Trente ſols de Retribution,
pour chaque Muid de Sel qui ſera Meſuré & Emplacé audit Grenier. Enjoint aux Amineurs de faire deuëment leur
Travail auſdits Meſurages : Et en cas d'abſence, permet aux
aux Officiers dudit Grenier de commettre d'autres Perſonnes., &c.

Du 4. Février 1690.

* Arreſt du Conſeil, Qui caſſe une Ordonnance des Officiers du Grenier à Sel de Vierzon, du dix-neuf Janvier

dernier, Ordonne que les Arrefts des dix Juin 1684. & vingt-huit Juin 1689. feront executez; Que lefdits Officiers Procederont inceffamment au Mefurage des Sels Emplacez dans le Dépoft, conformément aux Articles IV. IX. & X. de l'Ordonnance de 1680. Et leur fait deffenfes & à tous autres de prendre plus de Vingt fols par Muid, &c.

Du 4. Février 1690.

Arreft du Confeil, Qui Ordonne que Jean Yvart, Marchand à Diepe, payera les Droits d'Entrée du Sel qui eftoit dans un Navire Anglois pris en Mer, fuivant l'Adjudication à luy faite par le Juge de l'Admirauté de Dieppe, le quatre Octobre dernier, à ce faire contraint, &c.

Du 14. Février 1690.

Arreft du Confeil, Qui Ordonne que dans Quinzaine, le Procureur General de la Cour des Aydes de Clermont-Ferrand, envoyera au Confeil les motifs fur lefquels l'Arreft de ladite Cour du vingt-fept May 1689. a efté rendu; Au fujet des Regratiers & Revendeurs de Sel au Depoft de Ris, &c.

Du 14. Février 1690.

* Arreft contradictoire du Confeil, Portant qu'à compter du premier Janvier 1688. Maiftre Pierre Domergue fera tenu de payer à Maiftre Pierre Loir, Sous-Fermier du Domaine & Barrage de Paris, Cinq livres pour chacun Bateau Mere chargé de Sel : arrivé en ladite Ville : Quatre deniers pour chacun Muid de Sel déchargé dans le Grenier de Paris : Et deux Deniers pour chacun Muid paffant debout, &c.

Du 14. Février 1690.

Arreft du Confeil, Qui permet la Sortie des Bleds de

la Province de Languedoc, jufqu'au premier Juin de la prefente année, fans payer aucuns Droits de Sortie, &c.

Du 21. Février 1690.

Arreft du Confeil, Qui Ordonne conformément au Tarif du onze Octobre 1687. qu'il fera par leSieur Barjou, Vifiteur des Gabelles du Département de Lion, fait un nouveau Tarif pour la diftribution du Sel à petites Mefures, pour la Chambre de Neuville, fur le pied du prix fixé en icelle ; Et outre de Dix-neuf fols fix deniers, pour tenir lieu de Salaires aux Regratiers, &c.

Du 21. Février 1690.

Arreft du Confeil, Portant que l'Ordonnance des Gabelles du mois de May 1680. Et celle renduë par le Sieur de Breteüil, le feize Septembre 1681. contre les Plantations, Magazins, Fabrique & Vente du Tabac, feront executées dans les Paroiffes de la diftance des trois lieuës de Picardie, & du Païs de Boulonnois, y defnommées, felon leur forme & teneur, &c.

Du 21. Février 1690.

* Arreft du Confeil, En faveur des Habitans de Honfleur, & autres Villes de la Province de Normandie ; Portant qu'il ne fera perceu pour le Droit de Confommation des Moluës triées, Lingues, Ragues, & Poiffon vitié, provenant de leur Pefches, que Trente fols pour Cent, &c.

Du 25. Février 1690.

Arreft du Confeil, Qui Regle la maniere de conclure, par les Gens du Roy du Prefidial de Lion, dans les Affaires de la Doüane, où il s'agira de Payement de Droits, Fraudes, Amendes, Confifcations, & peines afflictives, &c.

Du 11. Mars 1690.

Arrest du Conseil, qui Ordonne que les sacs qui ont servy à la Voiture des sels, que Benjamin Mauduit, Sieur du Bignon, a pris en payement d'Antoine Torchebeuf, Sieur des Tournelles, seront baillez & délivrez audit Mauduit, conformément au Contract de Vente qui en a esté passé entr'eux ; à ce faire les Détempteurs contraints, nonobstant toutes Saisies faites ou à faire, &c.

Du 21. Mars 1690.

Arrest Contradictoire du Conseil, Qui Ordonne conformément à l'Arrest du dix-huit Mars 1687. Que Maistre Pierre Domergue, joüira des Droits de Contrôlle des Papiers, qui se fabriquent dans les Moulins scituez dans l'étendüe de l'Election de Mauleon : Et qui condamne le Sous-Fermier de ladite Election, de rendre & restituer ce qu'il a perceu desdits Droits.

Du 4. Avril 1690.

* Arrest du Conseil d'Estat du Roy, Qui Proroge & continuë jusques au premier Octobre prochain, la Reduction & moderation des Droits qui se levent sur les Vins & Eauës de Vie, voiturez par la Riviere de Loire, pour estre transportez hors du Royaume, & dans la Province de Bretagne.

Du 11. Avril 1690.

* Arrest du Conseil, Portant que Maistre Pierre Domergue, Fermier general des Gabelles de France, de celles de Lyonnois, Dauphiné & Provence, continuëra de percevoir sur les Anchois, Sardines & autres Poissons sallez destinez pour le Vivarests, Lyonnois & Dauphiné, les Droits y specifiez.

Du 11. Avril 1690.

Arreſt Contradictoire du Conſeil d'Eſtat, Qui deboute le nommé le Grand, Maiſtre Fayancier à Paris, de ſa Requeſte, tendante afin de Caſſation de l'Arreſt du huit Novembre 1689. Qui Ordonne que les Fayances venans d'Hollande, payeront Vingt livres du Cent peſant.

Du 11. Avril 1690.

Arreſt Contradictoire du Conſeil, Qui deboute le nommé Yvart Marchand à Diepe, de ſa Requeſte afin de Caſſation de l'Arreſt du quatre Février dernier ; pour le payement des Droits d'Entrées du Sel, trouvé dans un Vaiſſeau pris en Mer, par les Armateurs, entré dans le Port de ladite Ville : & Ordonne que ledit Arreſt ſera executé.

Du 22. Avril 1690.

Arreſt du Conſeil, Portant que le prix de chaque Minot de Sel de Franc - Sallé, employé dans les Eſtats des Gabelles de Languedoc, ſera augmenté dans leſdits Eſtats, qui ſeront Arreſtez pour la preſente année & les ſuivantes, des Quarante ſols, portez par les Declarations du Roy, des vingt - deux Février & vingt - cinq Octobre 1689. & ce tant que ladite Augmentation ſubſiſtera.

Du 22. Avril 1690.

Arreſt du Conſeil, Qui Ordonne que le prix de chaque Minot de Sel de Franc - Sallé, employé dans les Eſtats des Gabelles de Lyonnois, Provence & Dauphiné, ſera augmenté dans leſdits Eſtats qui ſeront arreſtez pour la preſente & les ſuivantes, des Soixante ſols, & Quarante ſols, portez par les Declarations du Roy, des vingt-deux Février & vingt - cinq Octobre 1689. &c.

Du 25. Avril 1690.

* . Arreſt du Conſeil, Portant qu'à commencer du quinze May prochain , il ſera Levé aux Entrées du Royaume , ſur tous les Sucres Rafinez en Pain & en Poudre , Candis blancs & bruns venans des Païs Eſtrangers, Vingt-deux livres dix ſols du Cent peſant ; Sur les Caſſonnades du Brezil , Quinze livres ; Sur les Maſcoüades , ſept livres dix ſols ; Et ſur les Barboudes , Panelles & Sucres de S. Thomé ; Sx livres du Cent peſant , &c.

Du 2. May 1690.

* Arreſt du Conſeil , Qui Ordonne , conformément à l'Avis du Sieur de Bezons , Que la Sentence du Maiſtre des Ports de Bayonne , du dix-huit Juin 1 6 8 9. Qui dé-clare fauſſe la Declaration faite par Pierre de Salle-neuve , Bourgeois & Courtier de Change de ladite Ville, de Trente deux Pipes d'Eauë de Vie , icelles confiſquées , & le condamne aux dépens ; Sera executée : Et que le-dit Salleneuve demeurera déchû des Privileges & Exemp-tions accordées aux Habitans de la Ville de Bayonne, conformément à l'Arreſt du Conſeil , du douze Février 1671. &c.

Du 5. May 1690.

* Declaration du Roy , Portant que tous Commis aux Receptes Generales & Particulieres , Caiſſiers & autres ayans maniemens des deniers de ſes Fermes , Leſquels ſe-nont convaincus de les avoir emportez , Seront punis de mort , lorſque le divertiſſement ſera de Trois mille livres & audeſſus , &c. *Regiſtrée en la Cour des Aydes.*

Du 15. May 1690.

Lettres Patentes du Roy , par leſquelles Sa Majeſté,

conformément aux Arrests des neuf Octobre 1688. douze Novembre 1689. & dix-sept Janvier dernier , delaisse aux Sieurs Vallier, Vauxgé & Martin , la joüissance des deux sols qu'elle s'estoit reservée, & ce tant dans la premiere année du Bail de Domergue, que dans les suivantes ; Et en tant que besoin seroit, leur en a fait & fait Don, & de tous les profits qui en sont & pourront provenir, &c.

Du 20. May 1690.

Arrest du Conseil d'Estat du Roy, Qui décharge Maistre Pierre Domergue de l'Assignation qui luy a esté donnée en l'Election de Paris, à la Requeste des nommez de Liege, Court & Desprée, Habitans de Binch, arrestez Prisonniers en la Conciergerie, pour avoir fait passer en fraude des Marchandises de la Flandre Espagnolle , &c.

Du 23. May 1690.

Arrest du Conseil , Qui Ordonne que les Procedures commencées par le Sieur d'Argouges Intendant en Bourgogne & Bresse, à la Requeste de Me. Pierre Domergue : contre le Sieur de Varennes Directeur , & les nommez Buissonnet, Boudier, Lehenp , & autres leurs Complices ; Pour raison des Abus, Malversations, Concussions & Prevarications commises dans les Fonctions de leurs Charges & Emplois, seront par luy continuées , & le Procez fait & parfait aux Coupables, &c.

Du 6. Juin 1690.

* Arrest du Conseil , Portant que la moitié des Confiscations & Amendes, tant des Draperies, que des Bas de Soye & de Laine des Manufactures Estrangeres, qui seront faites & adjugées en vertu des Arrests des huit Novembre & vingt-trois Decembre 1687. & quinze Février 1689. appartiendront aux Dénonciateurs, & à ceux qui les auront arrestez, dans les cas de Contravention ausdits Arrests.

Du 6. Juin 1690.

Arreſt du Conſeil, Qui Evoque & Renvoye pardevant le Sieur d'Argouges, toutes les Inſtances pendantes en la Cour des Aydes, Election de Paris & autres Juriſdictions; Entre Maiſtre Pierre Domergüe : Et les nommez Moiſſonnier & Grebille, pour raiſon de pluſieurs Balles de Marchandiſes paſſées en fraude, &c.

Du 13. Juin 1690.

*. Arreſt du Conſeil, Qui ordonne l'execution des Arreſts des quinze Janvier 1671. & vingt-cinq Avril dernier, concernant les Droits des Sucres Eſtrangers : Et que les Sucres bruts des Iſles de l'Amerique, Rafinez à Bordeaux, qui ſeront tranſportez hors du Royaume, par l'eſtenduë des Doüanes de Lyon & Valence, y paſſeront ſans payer aucuns Droits ; Sinon en cas de Sejour, Conſommation ou Commerce dans l'eſtenduë deſdites Doüanes, auſquels cas, ils acquiteront les Droits d'icelles, &c.

Du 27. Juin 1690.

Arreſt du Conſeil, Qui Ordonne que le Sieur Ollivier, cy-devant Huiſſier du Conſeil, Veteran, & les Veuves des autres Huiſſiers, Raporteront dans huitaine pardevant le Sieur de Pontchartrain, les Edits de Création de leurs Offices d'Huiſſiers du Conſeil, & d'Attribution du Droit de Franc-Sallé, avec les Quittances de Financées payées pour en joüir ; Et cependant ſurcis à la délivrance du Sel à eux adjugé, &c.

SUITE DE LA TABLE

DES

EDITS, DECLARATIONS,

ARRESTS ET REGLEMENS,

CONCERNANT,

LES FERMES ROYALES UNIES,

Rendus pendant les mois d'Avril, May & Juin 1690.

Du 4. Avril 1690.

ARREST du Conseil, qui proroge & continuë jusqu'au premier Octobre prochain, la Reduction & moderation des Droits qui se levent sur les Vins & Eaux-de-Vie, voiturés par la Riviere de Loire, pour être transportés hors du Royaume, & dans la Province de Bretagne.

Du 11. Avril 1690.

* Arrest du Conseil, portant que Maître Pierre Domergue, Fermier General des Gabelles de France, de celles de Lionnois, Dauphiné & Provence, continuëra de percevoir sur

A

les Anchois, Sardines & autres Poiſſons ſallés, deſtinés pour le Vivareſs, Lionnois & Dauphiné, les Droits y ſpecifiés.

Du 11. Avril 1690.

* Arreſt Contradictoire du Conſeil, qui deboute le nommé le Grand, Maître Fayancier à Paris, de ſa Requeſte tendante afin de caſſation de l'Arreſt du 8. Novembre 1689. qui ordonne que les Fayances venans d'Hollande, payeront vingt livres du cent peſant.

Du 11. Avril 1690.

Arreſt Contradictoire du Conſeil, qui deboute le nommé Yvart, Marchand à Dieppe, de ſa Requeſte afin de caſſation de l'Arreſt du 4. Fevrier dernier, pour le payement des Droits d'Entrées du Sel trouvé dans un Vaiſſeau pris en Mer, par les Armateurs, entré dans le Port de ladite Ville: Et ordonne que ledit Arreſt ſera executé.

Du 18. Avril 1690.

* Declaration du Roy, portant augmentation de Droits ſur le Papier & Parchemin Timbrés. *Regiſtrée le trente Juin.*

Du 18. Avril 1690.

* Arreſt du Conſeil, qui fait défenſes aux Marchands & Négocians, de vendre aux Orfevres & Affineurs, d'autres Lingots, Barres ou Barretons, que ceux qui auront été apportés des Pays Etrangers.

Du 22. Avril 1690.

Arreſt du Conſeil, portant que le prix de chaque Minot de Sel de Franc-Sallé, employé dans les Etats des Gabelles de Languedoc, ſera augmenté dans leſdits Etats, qui ſeront arreſtés pour la preſente année & les ſuivantes, des

quarante fols portés par les Declarations du Roy des 22.
Fevrier & 25. Octobre 1689, & ce, tant que ladite Augmentation fubfiftera.

Du 22. Avril 1690.

Arreft du Confeil, qui ordonne que le prix de chaque Minot de Sel de Franc-Sallé, employé dans les Etats des Gabelles de Lyonnois, Provence & Dauphiné, fera augmenté dans lefdits Etats, qui feront arreftés pour la prefente & les fuivantes, des foixante fols, & quarante fols, portés par les Declarations du Roy, des 22. Fevrier & 25. Octobre 1689, &c.

Du 25. Avril 1690.

* Arreft du Confeil, portant qu'à commencer du 15. May prochain, il fera levé aux Entrées du Royaume, fur tous les Sucres Rafinés en Pain & en Poudres, Candis blancs & bruns venans des Pays Etrangers, vingt-deux livres dix fols du cent pefant; Sur les Caffonnades du Brezil, quinze livres; Sur les Mafcoüades, fept livres dix fols; Et fur les Barboudes, Panelles & Sucres de S. Thomé, fix livres du cent pefant, &c.

Du 25. Avril 1690.

* Arreft Contradictoire de la Cour des Aydes de Paris, qui condamne les Maîtres Paulmiers & Raquetiers de la Ville de Paris, au payement des Droits de détail & annuel, tant qu'ils auront des Vins dans leurs Maifons: Les en difpenfe lorfqu'ils n'en auront point, & qu'ils déclareront qu'ils ne veulent point en vendre, & cependant feront tenus de fouffrir les vifites des Commis.

Du 2. May 1690.

* Arreft du Confeil, qui ordonne, conformément à l'Avis du Sieur de Bezon, que la Sentence du Maître des Ports

de Bayonne, du 18. Juin 1689, qui déclare fauſſe la declaration faite par Pierre de Salleneuve, Bourgeois & Courtier de Change de ladite Ville, de trente-deux Pipes d'Eau-de-Vie, icelles confiſquées, & le condamne aux dépens, ſera executée. Et que ledit Salleneuve demeurera déchû des Priviléges & Exemptions accordées aux Habitans de la Ville de Bayonne, conformément à l'Arreſt du Conſeil, du 12. Fevrier 1671, &c.

Du 2. May 1690.

Arreſt du Conſeil, qui ordonne la reſtitution des Droits de vingt pour cent, ſur cent trente-quatre Botte d'Huiles venuës d'Italie à Dunkerque, par le Navire le S. Thomas de S. Malo, appartenant à des Marchands de Dunkerque & de Lille.

Du 5. May 1690.

* Declaration du Roy, portant que tous Commis aux Receptes Generales & Particulieres, Caiſſiers & autres ayans le maniement des deniers des deniers de ſes Fermes, leſquels ſeront convaincus de les avoir emportés, ſeront punis de mort, lors que le divertiſſement ſera de trois mille livres & audeſſus, &c. *Regiſtrée en la Cour des Aydes de Paris, le 26 May 1690, & en celle de Normadie le dernier du même mois.*

Du 6. May 1690.

* Arreſt du Conſeil, qui accorde aux Sous-Fermiers des Aydes, du Bail de Charriere, diminution de la ſomme de cinq cens vingt-cinq mille livres ſur le prix de leurs Baux.

Du 6. May 1690.

* Arreſt du Conſeil, qui ordonne au Receveur General du Domaine & des Bois de Limoges, d'aſſiſter aux Adjudications des Ventes des Bois, pour recevoir les Cautions, & faire les Significations neceſſaires aux Adjudicataires, faute d'en fournir, ſinon que les Cautions & Certifica-

teurs qui feront prefentés, feront reçûs à fes rifques, perils & fortunes.

Du 15. *May* 1690.

Lettres Patentes du Roy, par lefquelles Sa Majefté, con-formément aux Arrefts des 9. Octobre 1688, 12. Novembre 1689, & 17. Janvier dernier, delaiffe aux Sieurs Vallier, Vauxgé & Martin, la joüiffance des deux fols qu'elle s'étoit refervée, & ce tant que la premiere année du Bail de Domergue que dans les fuivantes; & en'tant que befoin feroit leur en a fait & fait Don, & de tous les profits qui en font & pourront provenir, &c.

Du 20. *May* 1690.

Arreft du Confeil, qui décharge Me Pierre Domergue, de l'Affignation qui lui a été donnée en l'Election de Paris, à la Requefte des nommés de Liege, Court & Defprée, Habitans de Binch, arrêtés Prifonniers en la Conciergerie, pour avoir fait paffer en fraude des Marchandifes de la Flandre Efpagnolle, &c.

Du 23 *May* 1690.

Arreft du Confeil, qui ordonne que les Procedures commencées par le Sieur d'Argouge, Intendant en Bourgogne & Breffe, à la Requefte de Me Pierre Domergue, contre le Sieur de Varenes, Directeur, & les nommés Buiffonnet, Boudier, Lehenp & autres leurs Complices, pour raifon des Abus, Malverfations, Concuffions & Prevarications commifes dans les Fonctions de leurs Charges & Emplois, feront par lui continués, & le Procès fait & parfait aux Coupables, &c.

Du 30. *May* 1690.

* Arreft du Confeil, qui affujettit les Bourgeois de Dieppe & autres Particuliers de la Province, au payement des Droits de Jauge & Courtage, pour les Boiffons deftinées pour leurs Provifions.

A iij

Du 13. Juin 1690.

* Arreſt du Conſeil, qui ordonne que les Edits des mois de Novembre 1689. & Avril 1690. ſeront executés, & en conſéquence, que les Officiers des Gabelles de Lyonnois, Dauphiné, Provence, Languedoc & Rouſſillon, payeront ès mains du Receveur des Revenus caſuels, les ſommes portées par les Rolles, pour joüir des Gages héreditaires & des Exemptions, & autres Droits & Privileges à eux attribués par leſdits Edits.

Du 20. Juin 1690.

* Arreſt du Conſeil, qui ordonne qu'il ne ſera payé par les Officiers des Elections & Greniers à Sel, créés par Edit de Novembre 1689. pour les Droits de Préſentation, Epices, Droits de Greffier, & Enregiſtrement de leurs Lettres de Proviſions aux Bureaux des Finances, que la ſomme de quarante livres.

Du 20. Juin 1690.

* Arreſt du Conſeil, qui confirme celui du 10. Juillet 1685. en conſéquence, déclare les Habitans de la Ville du Havre, ſujets à la ſubvention à l'Entrée.

Du 27. Juin 1690.

Arreſt du Conſeil, qui ordonne que le Sieur Ollivier, cy-devant Huiſſier du Conſeil, Veterant, & les Veuves des autres Huiſſiers, rapporteront dans huitaine pardevant le Sieur de Pontchartrain, les Edits de Création de leurs Offices d'Huiſſiers du Conſeil, & d'Attribution du Droit de Franc-Sallé, avec les Quittances de Finances payées pour en joüir; & cependant ſurcis à la délivrance du Sel à eux adjugé, &c.

TABLE. 7

Du 6. Juin. 1690.

* Arrest du Conseil, portant que la moitié des Confiscations & Amendes, tant des Draperies, que des Bas de Soye & de Laine des Manufactures Etrangeres, qui seront faites & adjugées en vertu des Arrests des 8. Novembre & 23 Decembre 1687, & 15. Fevrier 1689, appartiendront aux Dénonciateurs, & ceux qui les auront arrêtés, dans les cas de contravention ausdits Arrests.

Du 6. Juin 1690.

Arrest du Conseil, qui évoque & renvoye pardevant le Sieur d'Argouges, toutes les Instances pendantes en la Cour des Aydes, Election de Paris & autres Jurisdictons; entre Me Pierre Domergue; & les nommés Moissonniers & Grebille, pour raison de plusieurs Balles de Marchandises passées en fraude, &c.

Du 13. Juin 1690.

* Arrest du Conseil, qui ordonne l'execution des Arrests des 15. Janvier 1671. & 25. Avril dernier, concernant les Droits des Sucres Etrangers. Et que les Sucres bruts des Isles de l'Amerique, rafinés à Bordeaux, qui seront transportés hors du Royaume, par l'étenduë des Doüannes de Lyon & Valence, y passeront sans payer aucuns Droits; sinon en cas de Séjour, Consommation ou Commerce dans l'étenduë desdites Doüannes, auquel cas, ils acquit. eront les Droits d'icelles, &c.

Du 13. Juin 1690.

Arrest du Conseil, qui ordonne au Fermier des Gabelles, de délivrer aux Administrateurs de l'Hôtel-Dieu de la Ville de Caën, dix minots de Sel, pour l'année 1690, dont il lui sera tenu compte.

TABLE.

A Paris, chez la Veuve SAUGRAIN & PIERRE PRAULT, Imprimeur des Fermes du Roy, Quay de Geſvres, au Paradis & à la Croix Blanche.

SUITE DE LA TABLE

DES ARRESTS ET REGLEMENS,

rendus pour le Bail de Maiſtre Pierre Domergue, pendant les mois d'Octobre, Novembre & Decembre 1690.

Du troiſiéme Octobre 1690.

ARREST du Conſeil d'Eſtat du Roy, Sa Majeſté y eſtant, Qui Ordonne l'execution des Arreſts rendus en iceluy les huit Novembre & 23. Decembre 1687. 17. Février, 15. Juin, 20. Septembre & 20. Decembre 1688. Et enjoint à tous ceux qui ont des Draperies Eſtrangeres de les Vendre & Debiter, dans le premier Février prochain, faute dequoy elles feront Saiſies & Confiſquées, quoyque Marquées, &c.

Du troiſiéme Octobre 1690.

Arreſt du Conſeil, Qui Proroge & continuë juſqu'au premier Avril prochain, la Reduction & Moderation des Droits qui ſe levent ſur les Vins, & Eaux-de-Vie, Voiturez par la Riviere de Loire, pour eſtre tranſportés hors du Royaume, & en Bretagne.

Du troiſiéme Octobre 1690.

Arreſt du Conſeil, Qui Ordonne par Proviſion, qu'il ſera délivré tous les ans, par l'Adjudicataire des Gabelles de Provence, aux Proprietaires des Salines de Berre, pour leur Droit de Franc-Sallé, la quantité de Soixante Minots de Sel, à partager entr'eux, par rapport à la valeur de leurs Salines, &c.

Du troiſiéme Octobre 1690.

Arreſt du Conſeil, Portant que les Droits de Conſommarion de Dix Milliers six cens trente-une Poignées de Moluë verte, provenant de la Pesche du Navire le Symbole de la Paix, arrivé au Port de Honfleur, & mise à Terre au mois de Novembre dernier, seront Acquitez sur le pied de Quatre livres huit deniers le Cent, conformément au Tarif & à l'Ordonnance de 1681. &c.

Du quatorze Octobre 1690.

Arrest du Conseil, Qui Ordonne l'execution de la Sentence du Viguier de Thoulouse du 13. Juin 1690. Qui condamne les nommez Pierre Verdier, Jean Brecq & Pierre Baissiers, pour Fraude de Tabac, en Cinq cens livres chacun d'Amende, au payement de laquelle ils seroient contraints dans le mois, faute dequoy elle seroit convertie au Carcan.

Du dix-huit Octobre 1690.

Ordonnance du Roy, Portant deffenses à tous Chefs, Officiers, Cavaliers, Dragons & Soldats de ses Troupes, qui ont Ordre de repasser dans le Royaume, de se charger d'aucunes Marchandises Etrangeres, Tabac ny de Faux-Sel, à peine d'estre punis : Et Permet aux Officiers, Commis & Gardes des Gabelles & Cinq grosses Fermes, de fouiller dans leurs Equipages.

Du sept Novembre 1690.

Arrest du Conseil, Qui Ordonne, que les Laines d'Espagne, destinées pour les Provinces de l'étenduë des Cinq grosses Fermes, venant par Terre par Bayonne ou Bordeaux, durant l'année prochaine 1691. ne payeront pour tous Droits d'Entrée, que ceux portez par le Tarif du dix-huit Septembre 1664. &c.

Du ving-un Novembre 1690.

Arrest du Conseil, Qui Ordonne, que la somme de Vingt-sept mil sept cens soixante-six livres seize sols neuf deniers, à laquelle monte le manque de fonds fait pour le payement des Charges du Païs de Canada, dans les Etats arrestez au Conseil, pour les années 1688. 1689 & 1690. sera déduite & précomptée à Maistre Pierre Domergue, sur ce qu'il doit payer au Tresor Royal, du prix de son Bail de la presente année 1690. &c.

Du vingt-un Novembre 1690.

Arrest du Conseil, Qui Commet le Sieur Bulet, pour Visiter & recevoir les Ouvrages faits à l'Hostel des Fermes, à Versailles, en presence de Me Christophle Charrier, & du Sieur Maigret, Adjudicataire d'iceux, &c.

Du vingt-quatre Novembre 1690.

Arrest du Conseil Privé du Roy, Portant, que les Consuls & Communauté d'Alauch en Provence, seront assignez au Conseil, Pour raison des Droits de la Table de Mer, dont ils pretendent estre exempts.

Du vingt-quatre Novembre 1690.

Arrest du Conseil Privé, Pour la préference du Fermier des Gabelles sur les Meubles d'un Curé, debiteur d'un Minot un quart de Sel, Qui ordonne que le Sieur de Vendosme, Grand Prieur de France sera assigné au Conseil, avec deffenses de faire poursuites ailleurs.

Du vingt-quatre Novembre 1690.

Arrest du Conseil Privé, Concernant la confiscation des Balots de Marchandises transportées sans acquit, Qui ordonne que le nommé Jacquemin, & le Corps des Marchands Drapiers & Merciers de la Ville de Verdun, seront assignez au Conseil, avec deffenses de faire poursuites ailleurs.

Du dix-neuf Decembre 1690.

Arrest du Conseil, Concernant les formalitez des Comptes à rendre aux Fermiers du Domaine des Isles de l'Amerique, rant pour le payement des Charges en Sucre pour la Subsistance des nouvelles Cures, que des Gages & Appointemens des Gouverneurs de la Martinique, Saint Barthelemy & Saint Martin.

Du dix-neuf Decembre 1690.

Arrest du Conseil, Qui ordonne, que le Sieur Hervart, sera Remboursé par le Garde du Tresor Royal, de la somme de Soixante mil livres ; Pour laquelle le Droit de Deux sols par Minot de Sel, avoit esté étably en la Province de Dauphiné, &c.

Du dix-neuf Decembre 1690.

Arrest du Conseil, Qui ordonne, que Me Pierre Domergue, payera par chacun an au Tresor Royal, outre le prix de son Bail, la somme de Neuf mil livres, pendant le temps qui reste à expirer d'iceluy ; Sçavoir six mil livres qu'il estoit obligé de payer au Sieur Hervart, pour & au lieu des Droits de Deux sols pour Minot, en la Province de Dauphiné : Et trois mil livres qu'il estoit tenu de payer par le Bail à luy fait des Gabelles de Lionnois, aux Chartreux de la Ville de Lyon, &c.

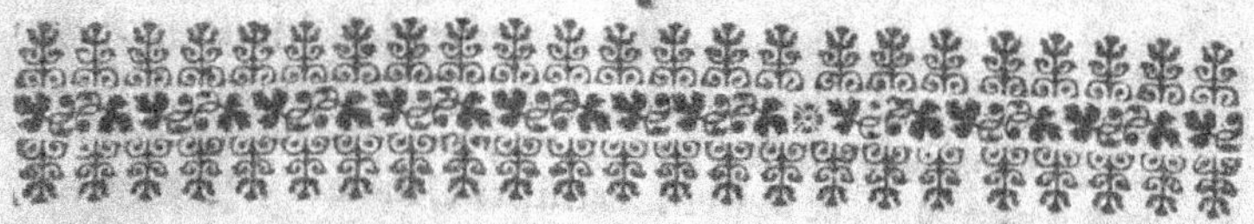

SUITE DE LA TABLE DES ARRESTS

& Reglemens, rendus pour le Bail de Me Pierre Domergue, pendant les mois de Juillet, Aoust & Septembre 1690.

Du premier Juillet 1690.

ARREST du Conseil, Qui choisit & nomme le Sieur Bigotet, pour remplir la place que feu Mr Hocart, avoit dans les Fermes Generales des Gabelles, Cinq Grosses Fermes de France, & autres Unies.

Du dix-huit Juillet 1690.

Arrest du Conseil, Qui proroge & continuë jusques au premier Janvier de l'année prochaine 1 6 9 1. la décharge du Payement du Droit de Cinquante sols pour Tonneau de Fret sur les Vaisseaux Etrangers, qui entreront & sortiront des Ports & Havres du Royaume.

Du dix-huit Juillet 1690.

Arrest du Conseil, Qui Ordonne que par le Sieur Foucault, Intendant de Justice, Police & Finances en la Generalité de Caën, il sera informé du contenu au Procès verbal du troisiéme du present mois, contre ceux qui facilitent les Faux Passages, prestent main-fortes aux Fraudes, & font violences aux Employez de la Ferme.

Du dix-huit Juillet 1690.

Arrest de la Cour des Aydes, Qui Ordonne que les Arrests d'icelle des dix-huit Juillet 1663. & vingt-huit Juin 1686. seront executez; Qu'il sera procedé par les Officiers du Gre-

nier à Sel de Tonnerre, à l'Emplacement & Mesurage des
Sels descendus audit Lieu, par telles personnes que le Fermier des Gabelles voudra proposer, pour servir de Tire-
Minot & Amineurs, & deffenses ausdits Officiers d'y apporter
aucun empeschement, &c.

Du huit Aoust 1690.

Arrest du Conseil, Qui Ordonne que M. Antoine Bault,
chargé de la Regie des Regrats & Revente du Sel à petites
Mesures, dans les Greniers d'Impost, & les Commis & Préposez, joüiront du Droit de Fort-Denier, ainsi que les autres
Fermiers des Fermes & Droits de Sa Majesté, & qu'ils le per-
cevront sur lesdites petites Mesures, où il se rencontre, &c.

Du huit Aoust 1690.

Arrest du Conseil, Qui Ordonne que dans huitaine, les
Eschevins de la Ville de Blois, representeront pardevant le
Sieur de Creil, Commissaire Départy en la Generalité d'Orleans, les Titres en vertu desquels ils perçoivent Trois livres
pour muid de Sel, passans en ladite Ville, &c.

Du huit Aoust 1690.

Arrest du Conseil, Qui Subroge le Sieur Langlois, au lieu
& place du feu Sieur le Boullanger, dans les Fermes Generales des Gabelles & Cinq Grosses Fermes de France & autres
y jointes.

Du cinq Septembre 1690.

Arrest du Conseil, Qui Décharge M. Pierre Domergue,
de compter à la Chambre des Comptes & ailleurs, de la
somme de Quatre mil neuf cens huit livres dix-huit sols neuf
deniers, à quoy montent plusieurs Saisies de Deniers en Argent Monnoyé sortant le Royaume, faites en l'étenduë de
la Doüane de Valence, attendu la Restitution d'icelles, par
les Ordres de Sa Majesté, &c.

Du cinq Septembre 1690.

Arreſt du Conſeil , Qui ordonne que la ſomme de cent
ſoixante-ſept mil cinq cens quarante-ſept livres ſix ſols, contenuë en l'Etat arreſté au Conſeil , pour le payement des Gages & Augmentations attribuées aux Officiers des Cours &
Chambres des Comptes & autres y dénommez , ſera payée
par Maiſtre Pierre Domergue ; de laquelle il luy ſera tenu
Compte , &c.

Du neuf Septembre 1690.

Arreſt du Conſeil , Qui Ordonne ſans avoir égard à la Sentence du Juge de l'Amirauté du Port - Bail , du huit Juillet
dernier , ny à l'Arreſt de la Cour des Aydes de Roüen , du
vingt-quatre dudit mois, que Sa Majeſté à caſſez , que la
Sentence du Juge des Traites de Coûtance , du trois Juillet
dernier , qui adjuge une confiſcation de Trois cens ſoixante-
une douzaine & dix Paires de Bas d'Angleterre, & Dix-ſept
Rolles & demy de Tabac, ſaiſis ſur pluſieurs Particuliers ,
venans des Iſles de Gerſé & Greneſé , ſera executé ſelon ſa
forme & teneur , &c.

Du douze Septembre 1690.

Arreſt du Conſeil , Qui Décharge le Charbon de Terre
des Mines de Nivernois, qui ſeront tranſportez dans les autres Provinces du Royaume , du payement des Droits de
Traittes Foraines.

Du dix-neuf Septembre 1690.

Arreſt du Conſeil , Qui Ordonne que la Vente & Diſtribution du Sel, dans les Greniers & Chambres des Gabelles de
Lionnois, ſe fera à la Meſure du Minot, Demy & Quart , &
du demy Quart de Minot; Et qu'il ſera fondu une Meſure
de Cuivre, de la continence de la huitiéme partie d'un Minot, ayant une Barre au milieu , &c.

SUITE DE LA TABLE

DES Déclarations & Ordonnances du Roy, Arrests & Reglemens rendus pour le Bail de Maistre Pierre Domergue, Pendant les mois de Janvier, Février & Mars de l'année 1691.

Du 2. Janvier 1691.

DECLARATION du Roy, portant Reglement pour la levée du droit de quart-Boüillon - sur les Salines de la Province de Normandie, *Registrée en la Cour des Aydes de Roüen.*

Du 2. Janvier 1691.

Arrest du Conseil, qui ordonne que par le Sr de la Chenaye, Conseiller au Presidial de Tours, il sera procedé à l'instruction du Procez criminel, contre les nommez le Noury, & Hureau freres, Faux-Sauniers : & de la prise à partie de Me Pierre Domergue, contre Mes Jacques le Long Elû Grenetier Controlleur en l'Election & Grenier à Sel de Laval, Jacques le Clerc Procureur du Roy aud. Siege, & Jean Foureau leur Greffier, pour ensuite estre ledit Procez jugé par le Sr de Miromenil, Commissaire départi, avec le Presidial de Tours, &c.

Du 2. Janvier 1691.

Arrest du Conseil, qui ordonne que l'information commencée par le Lieutenant en l'Election de Valognes, pour raison des violences & voyes de fait commises contre Pierre Harlan Receveur des Traittes à Cherbourg, sera continuée par le Sr Foucault, Me des Requestes, Commissaire départi en la Generalité de Caen, & le Procés fait aux coupables, &c.

A

Du 5. Janvier 1691.

Arreſt du Conſeil d'Etat du Roy, qui fait défenſes d'apporter, ny faire entrer par mer ny par terre dans aucuns Ports, Lieux & paſſages du Royaume, du Hareng autrement qu'en Vrac, & ſalé du Sel de Broüage, à peine de confiſcation, &c.

Du 6. Janvier 1691.

Arreſt du Conſeil, qui nomme le Sr Vireau Deſeſpoiſſes pour remplir la place du Sr Ricoul, & avoir le même interêt qu'il avoit au Bail fait à Me Pierre Domergue des Gabelles, cinq groſſes Fermes & autres Unies.

Du 9. Janvier 1691.

Arreſt du Conſeil, portant Reglement & diviſion des Lieux qui ſeront cenſez du Haut Languedoc, en fait de Gabelles, pour la conſommation du Sel de Periac : De ceux qui ſeront cenſez du Bas Languedoc, qui auront la faculté de ſe ſervir & de debiter du ſel de Pecais; Et ordonne que leſd. Sels de Pecais, gabelez dans les greniers de Bezieres & autres, qui ſeront portez dans le Rouergue & l'Auvergne, paſſeront par le grand-chemin qui va par S. Gervais auſd. Provinces, &c.

Du 13. Janvier 1691.

Arreſt du Conſeil, qui ordonne que Me Pierre Domergue, ſera payé par le Sr Monnerot, Conſeiller au Châtelet ſur les deniers qui ſeront remis en ſes mains, provenans des biens des Religionaires de la ſomme de quatorze mil cinq cens vingt-une liv. qu'il a payé ſuivant les Ordonnances du Sr de Baſville pour des Penſions & Aſſignations données à des perſonnes nouvellement converties, &c.

Du 16. Janvier 1691.

Arreſt du Conſeil, qui ordonne, ſans s'arrêter à l'Arreſt de la

Cour des Aydes de Normandie, du 27. Novembre dernier, que conformément à l'Arreft dud. Confeil du 18. Juillet 1690. L'information commencée par le Sr Foucault, ou fon Subdelegué à Coutance, fur le contenu au Procés verbal des Commis de Me Pierre Domergue fera continuée, pour icelle, venë & rapportee au Confeil, être ordonné par Sa Majefté ce que de raifon, & deffenfes à lad. Cour & autres Juges, d'en connoître, &c.

Du 22. Janvier 1691.

Ordonnance du Roy, qui fait défenfe à tous fes Sujets & autres faifant commerce dans les Ports de fon Royaume, d'y apporter des Marchandifes des Païs de fes ennemis, à peine de confifcation, &c.

Du 23. Janvier 1691.

Arreft du Confeil, concernant les frais & falaires des Huiffiers, & Employez au recouvrement des droits des Fermes de Sa Majefté, dans la Province de Normandie : Qui ordonne que la Déclaration du Roy du 17. Février 1688 fera exécutée : Et fait défenfes aufd. Huiffiers & autres Employez, de prendre plus grands droits que ceux portez par l'Arreft de la Cour des Aydes de Roüen, du 9. Avril 1687.

Du 23. Janvier 1691.

Arreft du Confeil, qui fait défenfes à toutes perfonnes de faifir les prix des voitures du Sel, les bateaux, équipages & charois des Voituriers : décharge le Fermier General des Gabelles de France de toutes affignations ; & luy fait pleine & entiere mainlevee des faifies & condamnations qui pourroient intervenir ; à l'exception des faifies qui feront faites pour ce qui fera dû defd. voitures, &c.

Du 23. Janvier 1691.

Arreft du Confeil d'Etat du Roy, portant que les droits de Parifis, douze & fix deniers, feront levez & perçus fur ceux des Aulneurs de toilles à la Halle de Paris, en la maniere accoutûmée, au payement defquels les Redevables feront contraints :

Et ordonne que les Tarifs des droits de Controlle & marque des
toilles & defd. Aulneurs, feront affichez : Et les Commis tenus
de faire mention dans leurs acquits, de la qualité & du nombre
des aulnages de chaque piece de toile , & de diftinguer féparé-
ment les droits de controlle , & ceux de Parifis , douze & fix deniers des Aulneurs.

Du 6. Février 1691.

Arreft du Confeil , qui ordonne que la Requeſte de Me Pierre
Domergue, contre les Efchevins de la Ville de Marfeille , pour
raifon de trente Saumons d'Eftain d'Angleterre , arrivez en lad.
Ville, pour le compte de Jean-Baptifte Coquelin, fera renvoyée
au Sr le Brer , Intendant de Juftice , Police & Finance en Provence pour entendre les Parties, dreffer fon Procez verbal , de
leur dire & conteftations, pour iceluy envoyé, Veu & rapporté
au Confeil, avec fon avis, être ordonné ce que de raifon.

Du 10. Février 1691.

Arreft du Confeil d'Eftat du Roy , portant très-expreffes défenfes d'apporter & faire entrer dans le Royaume , aucunes toilles de Coton blanches & Mouffelines des Indes , à peine de confifcation & de trois mille livres d'amende, &c.

Du 13. Février 1691.

Arreft contradictoire du Confeil d'Eftat , qui ordonne que les
Habitans de la Ville de Bayonne, jouiront de leurs privileges &
exemptions pour les Denrées & Marchandifes par eux prifes
en mer, & qui feront jugées être de bonne prife, tout ainfi qu'ils
en jouiffent pour celles qu'ils commercent : ce faifant a renvoyé
les Supplians devant les Juges des Ports, pour leur être fait
droit , &c.

Du 21. Février 1691.

Arreft du Confeil d'Eftat du Roy , qui permet le tranfit des
Toilles de Normandie, Bretagne & de Laval , par terre , pour

Marseille , jusqu'au 1. Novembre prochain , sans payer autres
droits , que ceux qu'ils auroient payé pour leur sortie par mer ,
hors du Royaume , &c.

Du 23. Février 1691.

Ordonnance du Roy , par laquelle Sa Majesté veut & entend
que les Pataches , Chaloupes & autres Bâtimens préposez pour
la conservation des Droits de ses Fermes , portent à l'avenir le
Pavillon blanc sur l'arriere.

Du 24. Février 1691.

Arrest du Conseil d'Estat du Roy , qui ordonne , conformément à l'Arrest du 14. Août 1688. qu'il sera par le Sr de Pommereu , Intendant en Bretagne , ou son Subdelegué , fait Inventaire
des Toilles de Coton blanches , & Etoffes d'or & d'argent & Es-
corces d'arbres , qui seront dans les Vaisseaux appartenans à la
Compagnie des Indes Orientales, pour être ensuite marquées &
venduës en la Ville de Nantes , & les droits payez , suivant led.
Arrest : Et fait défenses aux Directeurs de lad. Compagnie , de
les faire entrer par d'autres endroits , à peine , &c.

Du 24. Février 1691.

Arrest du Conseil , qui casse deux Ordonnances renduës par
les Tresoriers de France , de Metz , des sept Novembre & deux
Janvier dernier : Et décharge Mes Jean Fauconnet & Pierre
Domergue , de compter par Estat audit Bureau des Finances ,
& de l'amende de cinq cens livres portée par icelles.

Du 6. Mars 1691.

Arrest du Conseil , qui ordonne que Me Pierre Domergue ,
payera aux Eschevins & Receveurs des Octrois de la Ville de
Blois , la somme de cinq mille liv. à laquelle Sa Majesté a reglé
par chacune des années qui restent à expirer de son Bail , le droit
de trois liv par muid de Sel passant par lad. Ville , & qui se leve
au profit d'icelle.

Du 13. Mars 1691.

Arrest contradictoire du Conseil, qui déboute Joseph Duhau, Marchand à Paris de sa Requeste : Et ordonne que les Toilles de Cotton peintes, sur luy Saisies au Bureau de Dax, par les Commis de Me Pierre Domergue, seront brûlées devant led. Bureau.

Du 13. Mars 1691.

Arrest du Conseil d'Estat du Roy, qui ordonne, conformément aux Arrests des 14. Août 1688. dix & vingt quatre Février dernier, que par le Sr de Pommereu, ou son Subdelegué, il sera fait Inventaire des Toilles de cotton, écorces d'arbres & étoffes de Soye d'or & d'argent qui se trouveront dans les Vaisseaux arrivez au Port de Brest & Roscop, appartenant à la Compagnie des Indes Orientales, pour être marquées & venduës en la Ville de Nantes, en payant les droits : fait défenses des les vendre ailleurs ; & à toutes personnes autres que lad. Compagnie, d'apporter & faire entrer dans le Royaume, aucunes desd. Toilles de Cotton, Mousselines & Etoffes, à peine, &c.

Du 13. Mars 1691.

Arrest du Conseil, qui renvoye la Requeste de Me Pierre Domergue au Sr Begon, Intendant & Commissaire departy au Païs d'Aulnix, pour entendre sur le contenu en icelle, les Habitas de Rochefort, concernant leurs privileges, avec le Commis dud. Domergue, dont sera par lui dressé Procés verbal, pour iceluy vû au Conseil, avec son avis être ordonné ce qu'il appartiendra.

Du 20. Mars 1691.

Arrest du Conseil, qui décharge les Tabacs du Bresil, que Me Pierre Domergue fera venir par Marseille, au Bureau de la Doüanne de Paris, des droits de Tiers sur Taux, & quarantiéme qui se levent par les Prevost des Marchands & Eschevins de la Ville de Lyon, tant que la guerre durera ; en faisant par les

Commis dud. Domergue, ou les Voituriers defd. Tabacs, leurs foûmiffions de rapporter certificat de la defcente defd. Tabacs, aud. Bureau.

Du 20. Mars 1691.

Arreft du Confeil, portant qu'il fera informé par le Sr le Bret, Intendant de Juftice, Police & Finance en Provence, des faits contenus en la Requefte des Srs Jameron, Prudente & Mazade, Sous-Fermiers de la Ferme du Tabac de Provence, contre les nommez le Gras, Curet & Boyer Affociez en lad. Sous-Ferme; pour l'information vûë & rapportée au Confeil, être ordonné ce qu'il appartiendra; & cependant leur fait défenfes de s'immifcer en la Regie & Exploitation de lad. Ferme, &c.

Du 27. Mars 1691.

Arreft contradictoire du Confeil, qui exempte les Draps & Manufactures de Languedoc, qui pafferont par la Ville de Bordeaux pour le compte & commerce de la Compagnie des Indes Orientales, de la moité des droits de la Patente de Languedoc,& de la Comptablie, qui fe levent en lad. Ville : Et en confequence que Me Pierre Domergue fera tenu de rendre & reftituer à lad. Compagnie, la moitié defd. droits, que fes Commiffionaires ont été contraints de payer depuis le commencement de fon Bail, jufqu'à prefent, &c.

Du 28. Mars 1691.

Arreft du Confeil, qui proroge & continuë jufques au premier Octobre de la prefente année, la reduction & moderation des droits qui fe levent fur les vins & eaux-de-vie voiturez par la riviere de Loire, pour être tranfportez hors du Royaume, & dans la Province de Bretagne.

Du 28. Mars 1691.

Arreft du Confeil, qui regle la maniere dont fera fait les Ambalages & la voiture des Tabacs du crû de Guyenne : Et ordonne que les Habitans feront leurs Déclarations & Soùmiffions, & prendront des Congez, à peine de confifcation, &c.

SUITE DE LA TABLE

DES Edits, Arrests & Reglemens rendus pour le Bail de Me Pierre Domergue pendant les mois d'Avril, May & Juin 1691.

Du 3. Avril 1691.

ARREST du Conseil, qui ordonne que l'article XVI. du titre dix-sept de l'Ordonnance de 1680. sera exécuté, & fait défenses aux Officiers des Greniers à Sel de la Ferme generale des Gabelles, de remettre à l'avenir, l'amende de deux cens livres portées par iceluy, contre ceux qui acheptent du faux-Sel pour leur usage, à peine d'interdiction & de cinq cens liv. d'amende.

Du 3. Avril 1691.

Arrest du Conseil, qui ordonne que celuy du 6. Mars dernier, sera exécuté, & en consequence fait défenses aux Eschevins de la Ville de Blois, de continuer la perception de trois livres par muid de Sel, à la charge de leur payer par Me Pierre Domergue cinq mille liv. par chacune des trois années qui restent à expirer de son Bail, &c.

Du 21. Avril 1691.

Arrest du Conseil, qui décharge Me Bernard Gombaut, de l'Assignation à luy donnée en la Chambre des Comptes de Bourgogne, & ordonne qu'il continuera l'exercice & fonction de Controlleur au grenier à Sel de Chastillon sur Seine, dans lequel il a été reservé, sans prendre de nouvelles provisions, ni se faire recevoir, installer de nouveau, &c.

A

Du 24. Avril 1691.

Arreſt du Conſeil, qui décharge Me Pierre Domergue, ſes cautions & Receveurs, des Aſſignations qui pourroient leur être données, pour raiſon des Emprunts & promeſſes qu'ils pourroient avoir faits: & ordonne que leſd. promeſſes ſeront payées aux Porteurs d'icelles, nonobſtant toutes ſaiſies faites & à faire, &c.

Du 1. Mai 1691.

Arreſt contradictoire du Conſeil, qui ordonne que le Fermier des Aydes de Bourbonnois, & tous autres qui feront entrer des Vins & Marchandiſes, de la Province de Foreſt en celle de Bourbonnois, ſeront tenus d'en donner Declaration, & d'en payer les droits des cinq groſſes Fermes, aux Bureaux établis ſur les Frontieres deſd. Provinces, à peine de confiſcation, &c.

Du 1. Mai 1691.

Arreſt contradictoire du Conſeil, par lequel il eſt ordonné, que Maiſtre Jacques le Couteux & Conſors, Marchands à Paris qui ont fretté le Vaiſſeau nommé la Damoiſelle Gertrude, de Holdembourg, payeront à Maiſtre Pierre Domergue, Fermier General de cinq groſſes Fermes ou à ſes Commis le droit de fret de cinquante ſols pour tonneau, & qu'à ce faire ils ſeront contraints, &c.

Du mois de Mai 1691.

Edit du Roy, portant augmentation de treize ſols ſix deniers, ſur chacun minot de Sel qui ſera vendu & diſtribué en tous les Greniers & Chambres de la ferme des Gabelles de France, tant par impoſt, que vente volontaire, & ſur ceux qui ſeront délivrez par privileges, gratifications & aumônes, à commencer du quinze Juin prochain: Et attribution d'iceux aux Officiers des greniers, & aux Meſureurs de Sel, qu'ils recevront par leurs mains &c.

Du mois de May 1691.

Edit du Roi, portant Suppreſſion des Maiſtres des Ports & Juges des Traites : Et création de pluſieurs Offices hereditaires de Preſidens, Lieutenans, Procureurs de Sa Majeſté, Greffiers & autres, tant ès Villes & Lieux où il y a des Bureaux, pour la levée des Droits de ſortie & entrée du Royaume, Traites & autres y joints ; qu'en celles où il y a des dépoſts, meſurages, envois & entrepoſts des Sels, &c.

Du 18. May 1691.

Arreſt contradictoire de la Cour des Aydes, au profit de Maiſtre Pierre Domergue, concernant le payement du double Droit de trente doubles pieces d'Holande : Qui deboute Philipes Morice, Marchand à Paris, de ſon oppoſition à l'execution d'un Arreſt de ladite Cour du vingt-quatre Avril dernier, & le condamne aux dépens.

Du 22. May 1691.

Arreſt contradictoire du Conſeil, qui deboute les habitans de la Ville de Saint Amour, au Comté de Bourgogne, des fins & Concluſions de leur Requeſte : Et ordonne, ſans s'arreſter à l'Arreſt du ſix Octobre 1684. obtenu par les habitans de Coligny, que les Droits de Traites Foraines ſeront payez par les habitans dudit Lieu, comme auparavant ledit Arreſt.

Du 29. May 1691.

Arreſt du Conſeil d'Eſtat, qui ordonne, en attendant l'enregiſtrement de l'Edit du preſent mois, que les treize ſols ſix deniers, augmentez par icelui, ſur chacun minot de Sel, ſeront payez aux Commis de Maiſtre Pierre Domergue, à commencer du quinze Juin prochain ; Pour en être le fonds remis entre les mains de qui il ſera ordonné, &c.

Pierre Domergue ; Les Officiers des Greniers, ou ceux qui acquereront les Droits de neuf fols fix deniers d'augmentation fur minot de Sel, joüiront du Droit de Fort-denier, où il fe rencontrera, ainfi que les autres Fermiers des Fermes & Droits de Sa Majefté, &c.

Du 12. Juin 1691.

Arreft du Confeil, qui ordonne que la Requefte de Maiftre Pierre Domergue, pour la décharge de deux fols fix deniers, prétenduë par François Paffera, Fermier des Octrois de Troyes, fur chacune Charette chargée de Sel, paffant par ladite Ville, pour le fourniffement du Grenier d'icelle & autres Greniers voifins, fera communiquée audit Paffera, pour lui oüy ou fa réponfe vûë, être ordonné ce qu'il appartiendra.

Du 9. Juin 1691.

Arreft du Confeil, qui ordonne, que dans l'étenduë des Provinces fujettes au Tarif de 1664. Ceux qui tranfporteront des Marchandifes ou Denrées, dont les Droits feront au-deffous de trois livres, feront feulement leurs foûmiffions fur le Regiftre, de rapporter certificat de Droits, dans le temps ; & qu'il fera fait mention de leurs foûmiffions, dans les acquits, fans qu'ils foient tenus de donner caution, &c.

Du 19. Juin 1691.

Arreft du Confeil, qui permet à toutes perfonnes, de faire entrer de Poiffon fallé des Pays étrangers, en Languedoc & Rouffillon ; En payant à l'Adjudicataire des Gabelles, fix fols pour baril de Sardines, Anchois & Maquereaux, du poids de vingt livres, compris les barils & faumures : Er interdit l'entrée des Chairs fallées, comme par le paffé ; à l'exception des Jambons de Bayonne & Mayence, & des Langues fallées, &c.

Du 19. Juin 1691.

Arreft du Confeil, qui modere, fixe à trente fix fols les

Droits d'Entrée & de Sortie, & Droit Local, dûs au Bureau de Calais, pour chaque baril de Sel, du poids de trois cens livres, qui en sortira pour l'Artois, Flandres & Pays conquis, &c.

Du 19. Juin 1691.

Arrest du Conseil, qui ordonne que le nommé Daverne, Anglois de l'Isle de Jersé, pris par un Armateur de S. Malô, sera mis ès mains des Commis de Maistre Pierre Domergue, pour estre conduit à Coutances; lesquels s'en chargeront, &c.

Du 19. Juin 1691.

Arrest du Conseil, qui ordonne que les Ouvertures qui sont dans les murailles de la Ville de Bordeaux, le long du Port & Havre, seront bouchées ou grillées, & les balcons en saillie hors des murs, démolis : Et fait défenses à toutes personnes de faire à l'avenir aucunes ouvertures aux murailles de ladite Ville, à peine de punition corporelle, &c.

Du 26. Juin 1691.

Arrest du Conseil, qui ordonne qu'à commencer du quinze Juillet prochain, il sera levé & perçû sur les pipes à Tabac, des Pays étrangers, entrans dans les Provinces de Languedoc, Provence & Dauphiné, douze sols de la grosse, au lieu de deux sols six deniers qu'elles payoient cy-devant : Et fait défenses à Maistre Pierre Domergue & ses Commis de faire aucune moderation desdits Droits, &c.

NOTA, *Les deux Edits du mois de May* 1691. *& les Arrests en consequence des* 29. *May*, 12. *& 12. Juin audit an, ne concernent pas le Bail de Maistre Pierre Domergue : Et on ne les a mis en cette Table, que parce qu'il a été chargé du Recouvrement du produit d'iceux.*

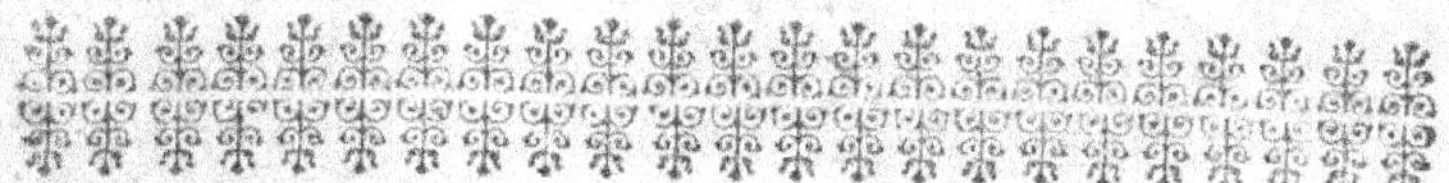

SUITE DE LA TABLE

DES DECLARATIONS DU ROY,

Arrests & Reglemens, rendus pour le Bail de Me Pierre Domergue, pendant les mois de Juillet, Aoust & Septembre 1691.

Du troisiéme Juillet 1691.

ARREST du Donseil, Qui Ordonne que l'Article XXI. du Titre Quinze de l'Ordonnance des Gabelles, du mois de May 1680. sera executé ; Ce faisant, que le Sel qui aura servi à la Salaison des Poissons, sera avec la Saumure, jetté comme immonde : Casse la Sentence des Officiers du Grenierà Sel de Dieppe, du vingt-quatre Mars dernier ; Et leur fait deffenses & à tous autres, de contrevenir à ladite Ordonnance.

Du troisiéme Juillet 1691.

Arrest du Conseil, qui ordonne que les Arrests de la Cour des Aydes, des dix Juillet 1663. vingt-huit Juin 1686. & dix-huit Juillet 1690. Et ceux du Conseil, des dix Juin 1684. & vingt-huit Juin 1689. seront executez : Ce faisant, Permet à Maistre Pierre Domergue, de préposer à ses frais, telles Personnes qu'il jugera à propos, pour tirer le Minot, tant à la Descente queDistribution des Sels, des Greniers de la Ferme Generale des Gabelles ; Et fait deffenses aux Mesureurs en Titres & autres, de les troubler, &c.

Du troisiéme Juillet 1691.

Arrest du Conseil, Portant, sans s'arrester aux Lettres d'Estat obtenuës par le Sieur de Sailly, Colonel d'un Regi-

A

TABLE.

ler du Roy en ſes Conſeil, Maiſtre des Requeſtes ordinaire
de ſon Hoſtel, Commiſſaire Départy pour l'execution de ſes
Ordres en la Generalité de Soiſſons, Pour faire le Procés aux
nommez Marechal, Malvau & Regnier, Cavaliers du Regiment de Pracontal, accuſez de Faux Saunage, & iceluy jugé
en dernier Reſſort, en tel Preſidial de ſon Département qu'il
eſtimera à propos, &c.

Du trente-uniéme Juillet 1691.

Arreſt du Conſeil, Qui Ordonne que la Requeſte de Maî-
tre Pierre Domergue, tendante à ce qu'il ſoit Déchargé des
Demandes de Maiſtre Gaſpart du Moulin, Soû-Fermier des
Regrats de la Generalité de Tours, ſera Communiquée audit
Dumoulin, pour ſa Réponſe veuë eſtre Ordonné ce qu'il ap-
partiendra.

Du ſeptiéme Aouſt 1691.

Arreſt Contradictoire du Conſeil, Qui maintient les Habitans de la Province de Bearn, dans les Privileges & Exemptions à eux accordées par les Lettres Patentes du mois de
Juillet 1601. Ce faiſant, Ordonne que l'Arreſt de Reglement
du Conſeil du vingt-quatre Avril 1688. ſera executé, tant
pour les Exemptions deſdits Habitans des Droits de Foraine
de ladite Province, que pour celles des Droits de Foraine, &
Domaniale de Languedoc, & autres Province de France, &c.

*   Du vingt-uniéme Aouſt 1691.

Arreſt du Conſeil, Qui Eteint & Supprime les Droits de Six
& Douze livres, qui ont eſté levez juſqu'à preſent, au profit
du Sur-Intendant des Arts & Manufactures de France, ſur
les Tapiſſeries venans des Païs Eſtrangers : Et Permet à toutes
Perſonnes de faire Entrer deſdites Tapiſſeries dans le Royaume, en payant le Double des Droits portez par le Tarif du
dix huit Septembre 1664. &c.

TABLE.

Du huitiéme Septembre 1691.

Arreſt Contradictoire du Conſeil, qui Ordonne en execution de l'Arreſt du Conſeil du ſix Septembre 1689. Que Jean
Jardin, continuëcra de faire les Fonctions de ſon Office de
Notaire Royal, dans le Bureau des Traites de Laval, & ce
en lieu commode, ainſi que luy & ſes Predeceſſeurs ont fait :
Et fait Deffenſes à Maiſtre Pierre Domergue, ſes Commis &
autres de l'y troubler, &c.

Du dix-huitiéme Septembre 1691.

Arreſt du Conſeil, Qui Ordonne qu'avant faire Droit ſur la
Requeſte de Maiſtre Pierre Domergue, au ſujet des Rôlles
que les Collecteurs des Tailles ſont obligez de fournir en chaque Grenier ; Que les Elûs, & les Sindics de la Province de
Bourgogne, ſeront Oüis, en preſence de ſes Commis, pardevant le Sieur Dargouges, Commiſſaire Départy en ladite
Province, dont ſera par luy dreſſé ProcésVerbal, pour iceluy
veu & raporté au Conſeil avec ſon Avis, eſtre Ordonné ce qu'il
appartiendra.

Du dix-huitiéme Septembre 1691.

Arreſt contradictoire du Conſeil, Qui Ordonne l'execution
de celuy du troiſiéme Juillet dernier, rendu contre le Sieur
de Sailly, & les Religieux Cordeliers de Saint Barthelmy de
Noyon ; Concernant une Chauſſée qu'ils ont fait conſtruire
ſur la Riviere de Somme, qui ſert de paſſage aux Faux-
Sauniers, &c.

A PARIS,

Chez la veuve Saugrain, à l'entrée du Quay de Gévres,
du coſté du Pont au Change, au Paradis.

d'Auxonne , qui ont visité les Equipages , & trouvé du Tabac
dans sa Valize , pour l'Information vûë , &c.

*   *Du onze Decembre 1 6 9 1.*

   Arrest du Conseil , Portant Qu'il sera levé à l'Entrée du
Royaume , sur le cotton filé venant des Païs étrangers , la somme de Vingt livres du cent pesant , à commencer du vingtiéme du present mois : Et qu'il ne sera payé pour le Cotton en
Laine venant des Isles Françoises de l'Amerique , que trente
sols du Cent pesant , &c.

          Du onze Decembre 1 6 9 1.

   Arrest du Conseil , Qui ordonne que la somme de Vingt-
neuf mil neuf cent soixante-dix livres sept sols huit deniers ,
à laquelle montent les Gages , Augmentations & Droits attribuez aux Officiers & Particuliers , dénommez dans l'Etat
arresté au Conseil ce jourd'huy , sera payé par Me Pierre Pointeau , dont il sera tenu compte , &c.

         Du onze Decembre 1691.

   Arrest du Conseil , Qui ordonne que la somme de Treize
cens trente-une livres , à quoy montent les Charges assignées
sur les Gabelles de Metz , de l'année 1690. au-delà de la somme de Cent soixante-sept mil huit cens quatre-vingt-onze livres , laissée en fonds dans l'Etat des Gabelles de France de
ladite année , sera passée & allouée dans l'Etat au vray &
Compte qui sera rendu par ledit Domergue , &c.

        Du vingt-deux Decembre 1 6 9 1.

   Arrest du Conseil , Qui ordonne que les Procedures commencées contre les nommez Testevin , Godet & autres Complices de Faux-Saunage , par les Officiers des Elections & Greniers à Sel d'Issoudun & la Chastre , seront parachevées , & le
Procés fait & jugé en dernier ressort , par le Sr de Seraucourt ,

B

Maiſtre des Requeſtes , Commiſſaire Départy en la Generalité de Bourges , en tel Siége qu'il voudra choiſir , &c.

Du vingt-neuf Decembre 1691.

Arreſt du Conſeil , Qui décharge Maiſtre Pierre Pointeau
de l'Aſſignation à luy donnée au Parlement de Dijon , le
vingt-quatre Novembre dernier , à la Requeſte des Habitans
du Village d'Argilliers ; Et ordonne que les Parties procederont devant les Officiers de l'Election & Grenier à Sel de
Langres , ſauf l'Appel en la Cour des Aydes de Paris.

Du vingt-neuf Decembre 1691.

Arreſt contradictoire du Conſeil d'Etat , Qui ordonne (ſans
avoir égard à la Requeſte de Gaſpard du Moulin , Soûs-Fermier des Regrats de la Generalité de Tours) Que l'Arreſt
du Conſeil du dix-neuf Avril 1689. Concernant le Preſt du
Sel , ſera executé ſelon ſa forme & teneur : Et en conſequence
décharge ledit Domergue , des dommages & intereſts prétendus par ledit du Moulin ; dépens compenſez.

Du cinquiéme Fevrier 1692.

Arreſt du Conſeil , Qui ordonne que Maiſtre Pierre Domergue , ſera rembourſé par Maiſtre Pierre Pointeau , de la
ſomme de deux millions de livres par luy avancées , en luy
fourniſſant quatre Quittances du Sieur de Fremont , Garde
du Treſor Royal , de la ſomme de Cinq cens mil livres cha-
cunes , Leſquelles Quittances Sa Majeſté a validées , au profit dudit Pointeau , &c.

Du cinquiéme Fevrier 1692.

Arreſt du Conſeil , Portant que quatre Quittances du Sieur
Brunet , Garde du Treſor Royal , montant à un Million qua-
rante-un mil ſix cens ſoixante-ſix livres ſix ſols quatre deniers
payéepar Maiſtre Pierre Domergue , ſeront reformées ; Pour

estre passées & alloüées dans les Etats & Comptes de Domergue & Pointeau , &c.

Du seiziéme Fevrier 1692.

Arrest du Conseil, Qui ordonne que Maistre Pierre Domergue sera remboursé par Maistre Pierre Pointeau , de la
somme de quarante mil livres, payée successivement par les
Fermiers precedens, pour partie des Ouvrages de la Navi-
gation de la Riviere d'Orne ; De laquelle somme ledit Pointeau sera pareillement remboursé , par le Fermier qui luy
succedera.

Du seiziéme Fevrier 1692.

Arrest du Conseil, qui ordonne que la somme de Trois mil
livres, payée par Maistre Pierre Domergue, à Maistre Jean
Fauconnet, & par luy payée, pour partie des Réparations du
Pont de la Ville de Selles en Berry, sera passée audit Domergue, par Maistre Pierre Pointeau ; De laquelle il sera remboursé, par le Fermier qui luy succedera.

A PARIS,

Chez la Veuve Saugrain , à l'entrée du Quay de Gêvres,
du côté du Pont au Change , au Paradis.

TABLE
DES ORDONNANCES DU ROY,
Arrests du Conseil, & de la Cour des Aydes,

CONCERNANT les Fermes Royales - Unies, comprises au Bail fait sous le nom de Me Pierre Pointeau, donnez pendant les mois de Septembre, Octobre, Novembre & Decembre 1691.

Du onze Septembre 1 6 9 1.

RESULTAT du Conseil Royal des Finances, Qui agrée & accepte les Offres des Cautions de Pierre Domergue, & de Christophe Chariere, Fermiers Generaux des Gabelles, Cinq Grosses Fermes, Tabac & Domaine d'Occident; Aydes & Domaines de France, & autres Fermes & Droits y joints : Ordonne que leurs Baux demeureront résolus pour les deux années qui restent à expirer, Et que lesdites Fermes demeureront Unies au profit desdites Cautions, pour en joüir conjointement pendant six années, aux prix, Charges, Clauses & Conditions y contenuës.

* *Du ving-cinq Septembre 1691.*

Arrest du Conseil d'Etat, Pour mettre Maître Pierre Pointeau, en Possession & joüissance des Fermes Generales des Gabelles, Domaines, Aydes & Droits y joints, Entrées, Cinq Grosses Fermes, Tabac & Domaine d'Occident, & autres droits en dépendans, en execution du Resultat du Conseil du onze du present mois, pour Six années, à commencer du premier Octobre 1691. &c.

A

✻ *Du vingt-neuf Septembre* 1691.

Arreſt du Conſeil d'Etat, Qui ordonne qu'à commencer du premier Octobre 1691. Maître Pierre Pointeau, continuëra la Regie des Aydes de Verſailles, au lieu de Maître Chriſtophe Chariere.

Du vingt-neuf Septembre 1691.

Arreſt du Conſeil, Qui Ordonne, ſans avoir égard aux Actes des vingt-ſix, vingt-ſept & vingt-huit du preſent mois, qui demeureront nuls ; Que le Reſultat du Conſeil du onze Septembre & l'Arreſt de priſe de Poſſeſſion du vingt-cinq dudit mois, ſeront executez ſelon leur forme & teneur ; Enſemble les Soûs-Baux de Claude du Sauſoy, Silvain Brechet, Adrien Navarre, Amat, Picart, Merou, & Jean Labbé, & leurs Cautions contraints à l'entiere Execution, accompliſſement & payement d'iceux, nonobſtant Oppoſition, &c.

✻ *Du quatriéme Octobre* 1691.

Arreſt du Conſeil d'Etat du Roy, Qui regle les Droits qui ſeront payez pour les Moluës vertes, ſéches, Cabillauds, Merlus, Stockfiches, Saumons & Macquereaux, de la Peſche des Etrangers, à l'entrée du Royaume, tant par Mer que par Terre ; à commencer du premier Novembre prochain.

✻ *Du neuf Octobre* 1691.

Arreſt du Conſeil, Qui ordonne qu'il ſera fourny à Maître Pierre Pointeau, par Maiſtre Chriſtophe chariere, un Etat certifié de ce qui reſte dû, des mois de Juillet, Aouſt & Septembre de la preſente année du prix des Sous-Baux par luy faits : Pour être le Recouvrement des ſommes y contenuës, fait par ledit Pointeau ; Au payement deſquelles, les Sous-Fermiers & leurs Cautions ſeront contraints, &c.

✻ *Du neuf Octobre* 1691.

Arreſt du Conſeil, Qui ordonne que les Commis employez à la Regie & Perception des Droits des Fermes-Unies, qui ont preſté Serment pendant les Baux de Domergue & Chariere, continuëront l'Exercice & Fonction de leurs Emplois, fans prendre de Commiſſion, ny preſter nouveau Serment : Et enjoint aux Officiers des Elections & Juges pardevant leſquels ils ont eſté reçûs, de prononcer ſur leurs Exercices, Procez Verbaux, & autres Actes ; Et que ledit Arreſt ſera regiſtré ſans frais, &c.

Du neuf Octobre 1 6 9 1.

Arreſt du Conſeil, Portant que la ſomme de ſept mil cent douze livres onze ſols quatre deniers, à laquelle monte les Gages, Augmentations & Franc-Salé, attribuez aux Officiers du Parlement de METZ, ſera payée par Me Pierre Pointeau, au Receveur Payeur des Gages dudit Parlement, &c.

* Du douze Octobre 1 6 9 1.

Arreſt de la Cour des Aydes, Qui ordonne que Maiſtre Pierre Pointeau, joüira des Fermes Generales des Gabelles, Cinq Groſſes Fermes, Aydes, Domaines & autres Fermes & Droits y joints, en attendant l'Enregiſtrement des Lettres Patentes, ſur l'Arreſt du Conſeil du vingt-cinq Septembre dernier, conformément aux Baux deſdites Fermes, &c.

* Du ſeize Octobre 1 6 9 1.

Arreſt du Conſeil, Pour Maiſtre Pierre Pointeau : Contre la nommée Saint Martin Revendeuſe de Sel à petites Meſures, & autres Particuliers. Par lequel Sa Majeſté évoque à ſon Conſeil, & renvoye pardevant les Officiers du Grenier à Sel de Paris, la connoiſſance du Procés criminel contr'elle, & ceux qui l'ont enlevée & fait rebellion auſdits Officiers, circonſtances & dépendances ; Pour eſtre ledit Procés par eux fait aux Coupables, juſqu'à Jugement diffinitif : Et fait deffenſes de faire Pourſuites ailleurs, &c.

Du ſeize Octobre 1 6 9 1.

Arreſt du Conſeil d'Etat du Roy, Qui ordonne, que par le

Sieur de Miromenil , Conseiller de Sa Majesté en ses Conseils,
Commissaire Départy en la Generalité de Tours , il sera informé du contenu au Procés verbal des Directeur , Capitaine &
Gardes des Gabelles , du septiéme du present mois , contre
les Gentilshommes de l'Arriere-Ban de la Generalité d'Orleans , en Touraine , revenant de Poitou , qui avoient du faux
Sel , &c.

Du seize Octobre 1 6 9 1.

Arrest contradictoire du Conseil d'Etat , rendu entre Me
Pierre Domergue , & les Habitans de la Ville de Sedan : concernant le Droit de Traverse , Qui renvoye les Parties pardevant le Sieur de Seve , Premier President au Parlement de
Metz , & Intendant des Evêchez de Metz , Toul & Verdun,
& Duché de Luxembourg , pour donner son Avis , & iceluy
vû & rapporté au Conseil , estre Ordonné ce que de raison.

Du seize Octobre 1 6 9 1.

Arrest du Conseil , Qui ordonne (avant faire droit sur la
Requeste de Pierre Domergue , concernant le Faux-Saunage,
commis par Bernardin Destriac de Blagny , & autres) Que
par le Procureur General de la Cour des Aydes de Roüen ,
les motifs de l'Arrest du vingt six Aoust dernier , seront en-
voyez ; Ensemble les Informations & Procedures faites en
l'Election de Caën , sur les Plaintes respectives des Parties,
pour le tout vû , &c.

Du vingt-sept Octobre 1 6 9 1.

Arrest du Conseil, Qui ordonne que la somme de soixante-
deux mil cent quatre-vingt-seize livres , à laquelle monte partie des arrérages des Rentes du Million de livres créé au mois
de May dernier , & les Espices, sera payée au Sieur Deschamps,
Payeur des Rentes , par Me Pierre Pointeau , de semaine en
semaine , pour estre distribuée aux Particuliers Rentiers , &c.

*   Du vingt-neuf Octobre 1 6 9 1.

Ordonnance du Roy , Portant deffenses à tous Chefs , Offi-

ciers, Cavaliers, Dragons & Soldats de ses Troupes, tant
Françoises, qu'Etrangeres, qui ont ordre de repasser dans le
Royaume, pour aller dans les Lieux de Garnisons & Quartier d'Hyver, de se charger d'aucunes Marchandises étrangeres, Tabac, ny de Faux-Sel ; aux peines y portées : Et permet aux Officiers, Commis & Gardes des Gabelles & Cinq
Grosses Fermes, de foüiller dans leurs Equipages, &c.

Du trente Octobre 1691.

Arrest du Conseil d'Etat du Roy, Qui ordonne que Pierre
Pointeau, continuëra l'avance des sept Millions de livres par
chacune année de son Bail, dans les mêmes temps que Domergue & Chariere estoient obligez de les faire par leurs Baux:
Desquels sept Millions de livres l'interest luy sera payé à raison du Denier vingt, & le remboursement fait dans les termes portez par lesdits Baux.

Du trente Octobre 1691.

Arrest du Conseil, Qui ordonne, qu'à faute par les Cautions
de Silvain Brechet, Soûs-Fermier des Aydes, Papier & Parchemin timbré de la Generalité de Caën, d'avoir payé la somme de deux cens mil livres, pour les mois de Juillet, Aoust &
Septembre derniers ; Il sera procedé à la Publication & Adjudication de ladite Soûs-Ferme, à leur folle Enchere, &c.

Du trente Octobre 1691.

Arrest du Conseil, Qui ordonne que par le Sieur de Seraucourt, Conseiller du Roy en ses Conseils, Commissaire Départy en la Generalité de Bourges, il sera informé du contenu aux Procez verbaux rendus par la Brigade des Gabelles
établie à Chasteauroux en Berry, & par les Officiers du Grenier à Sel de la Charité, les sept & douze Octobre des present
mois ; Contre les Gentilshommes du Ban de Nivernois, revenant de Poitou, faisant le Faux-Saunage à charge de Chevaux & de Charrettes, &c.

Du dix Novembre 1691.

Arreſt du Conſeil, Qui ordonne que la Requeſte de Maî-
tre Pierre Pointeau, concernant une Place à la Deſcente du
Pont-Neuf, vis-à-vis la Juriſdiction des Gabelles, qu'il avoit
loüée pour ſervir de Corps de Garde à la Brigade deſdites
Gabelles, ſera communiquée aux Sᵉˢ Prevoſt des Marchands
& Echevins de Paris, pour y fournir de Réponſes, &c.

Du treize Novembre 1691.

Arreſt du Conſeil, Qui ordonne que la ſomme de cent quarante-ſept livres quatorze ſols, à laquelle monte le prix des
Ouvrages faits pour réparer le Pavillon du Chaſteau de la
Tournelle, ſera payée par Maiſtre Pierre Pointeau, auquel
il en ſera tenu Compte, &c.

* Du vingt Novembre 1691.

Arreſt du Conſeil, Qui ordonne que les Seigneurs & autres
qui prétendent des Péages en nature, ſur les Sels voiturez ſur
les Rivieres ou autrement, ſeront tenus de repreſenter leurs
Titres au Conſeil, dans un mois du jour de la Signification du
preſent Arreſt, pour iceux vûs eſtre ordonné ce que de raiſon; Et juſqu'à ce, Fait Deffenſes à Maiſtre Pierre Pointeau,
ſes Procureurs & Commis, de payer leſdits Péages autrement
que comme ils ont eſté reglez par l'Ordonnance de 1546.

Du vingt Novembre 1691.

Arreſt du Conſeil, Qui ordonne que par le Sieur de Seraucourt, Commiſſaire Départy en la Province de Berry, avec
les Officiers de Buzançois, & tels Graduez qu'il voudra choiſir, le Procés ſera fait a la pourſuite de Pierre Pointeau, au
nommé Godet, Chef de Bande de Faux-Sauniers & ſes Complices, ſuivant la rigueur des Ordonnances, &c.

Du vingt Novembre 1691.

Arreſt du Conſeil, Qui ordonne avant faire droit ſur les

Requeſtes de Pierre Domergue & Pointeau, pour le payement des Droits de la Domaniale de quatre Ballots de Toile,
que Jean Huot, Tiſſerant à Auxonne, a voulu faire ſortir
hors le Royaume, ſeront communiquées aux Maire & Echevins de ladite Ville. Et que le Procureur General du Parlement de Bourgogne envoyera au Conſeil, les motifs de l'Arreſt rendu audit Parlement le vingt-huit Decembre 1689.
Pour iceux vûs, eſtre Ordonné ce que de raiſon.

Du vingt Novembre 1691.

Arreſt du Conſeil, Portant qu'il ſera procedé à nouvelles
Adjudications des Sous-Fermes des Aydes des Elections de
Vitry & Bar-ſur-Aube, & de celles de Melun, Rozay, Pro-
vins & Coulommiers, à la folle Enchere de Charles Fabulet,
& Jacques Gibois, & leurs Cautions, &c.

Du vingt-ſept Novembre 1691.

Arreſt contradictoire du Conſeil d'Etat, Qui ordonne que
la Declaration du Roy, du vingt-huit Juillet 1690. ſera exe-
cutée : Et en conſequence, que les Religieux Minimes de
Chaillot, ſeront tenus de payer le Droit de Trente ſols pour
Muid, étably par icelle, tant pour les Vins provenans de leur
Enclos, que pour ceux qu'ils conſomment dans leur Maiſon.

Du vingt-ſept Novembre 1691.

Arreſt du Conſeil, Qui permet à Pierre Pointeau de faire
fabriquer des Matrices & Poinçons pour ſervir à la Marque
des Ouvrages d'Or & d'Argent : Ordonne que ceux du pre-
cedent Fermier, ſeront rompus; Et que les Ouvrages neufs
qui ſe trouveront chez les Orfévres & autres redevables des
Droits de Marque, ſeront contre-marquez ſans frais du Poin-
çon dudit Pointeau, à peine de confiſcation, &c.

* Du premier Decembre 1691.

Arreſt du Conſeil, Portant que l'Arreſt du trois Avril dernier , Qui deffend aux Officiers des Greniers à Sel , de remettre l'amende de deux cens livres , contre ceux qui achetent du Faux-Sel pour leur usage , sera executé : Casse les Sentences des Officiers du Grenier à Sel de Reims , des sept, neuf & seize Juin dernier ; Ordonne que les Particuliers dénommez dans lesdites Sentences , payeront à Maistre Pierre Pointeau ladite Amende , pour chacune Contravention ; Et que ledit Arrest du trois Avril sera lû , publié & registré , dans tous les Greniers de la Ferme des Gabelles , sur les Copies collationnées d'iceluy , &c.

Du premier Decembre 1691.

Arrest du Conseil , Qui ordonne , avant faire droit sur la Requeste de Pierre Pointeau , contre Pierre Boudier & Claude Mol , Grenetier & Controlleur au Grenier à Sel d'Auxonne , qui ont enlevé quatre Minots de Sel dudit Grenier , sous prétexte de Gratification sur les Bons de Masses : Que par le Sieur d'Argouges Commissaire Départy en Bourgogne , il sera dressé Procés Verbal des Contestations des Parties , pour iceluy vû , &c.

Du premier Decembre 1691.

Arrest du Conseil , Qui évoque l'Instance de Saisie & Arrests faits à la Requeste de Pierre Domergue , sur le nommé Grebille , Marchand , és mains de Chastainier & la Fond , pendante pardevant le Sieur d'Argouges , & icelle renvoye pardevant le Juge des Traites de Lion , & par Appel en la Cour des Aydes de Paris , &c.

Du quatre Decembre 1691.

Arrest du Conseil, Qui ordonne que par le Sieur d'Argouges , Conseiller du Roy en ses Conseils, Intendant de Justice, Police & Finances en Bourgogne, il sera informé des violences & voyes de Fait commises par le Sieur Thiange & autres Officiers du Regiment de Milice du Bourbonnois ; Contre le nommé Coustard & autres Commis des Fermes au Bureau d'Auxonne

SUITE DE LA TABLE DES ARRETS

du Conſeil & de la Cour des Aydes, Concernant les Fermes Royales Unies, compriſes au Bail fait ſous le nom de Me Pierre Pointeau, pendant les mois de Janvier, Février & Mars 1692.

Du huit Janvier 1692.

ARREST du Conſeil d'Eſtat, Qui ordonne, que la Sous-Ferme des Domaines de la Généralité de Paris, ſera publiée & adjugée à la folle Enchere de Me Noël Baratier, au Bureau General deſdites Fermes ; & cependant qu'il ſera contraint au payement des Termes échûs en la maniere accoûtumée, &c.

Du quinze Janvier 1692.

Arreſt du Conſeil d'Eſtat, Qui ordonne, qu'il ſera payé par Maiſtre Pierre Pointeau, Fermier General des Fermes-Unies, au Sieur Cocheret Secretaire du Sieur de Pomereu, Conſeiller d'Eſtat, la ſomme de Quatre cens cinquante livres, pour ſon rembourſement du Papier formulé qu'il a fourni pour les Affaires de ſa Commiſſion; & qu'à l'avenir il ſera fait fond dans les Etats qui ſeront arreſtez au Conſeil, pour la diſtribution du Papier Timbré des Sieurs Commiſſaires dé-partis, de Cent cinquante livres par an.

Du quinze Janvier 1692.

Arreſt du Conſeil, Qui ordonne, que les Procedures Cri-minelles commencées par les Officiers des Elections & Gre-niers à Sel de la Chaſtre & d'Iſſoudun, contre pluſieurs Faux-Sauniers accuſez de Meutre, ſeront parachevez, & le Procés fait & jugé en dernier reſſort par le Sieur de Seraucourt, Commiſſaire départi en la Generalité de Bourges, &c.

Du vingt-deux Janvier 1692.

Arreſt du Conſeil, qui deffend au nommé Cheruiſſe & à tous autres, en interpretation de l'Arreſt du Conſeil du ſeptiéme Novembre 1690. d'avoir des Eaux-de-Vie en Muids, demy Muids , quarts & autres Tonneaux , au lieu de Saint Cir , & autres endroits dans l'étenduë de trois lieuës de Versailles ; mais seulement en Bouteilles & Pintes , pour les vendre en détail à petites Mesures , à peine de confiscation, de cinq cens livres d'amende , &c.

Du vingt-deux Janvier 1691.

* Arrest du Conseil, Qui odrconne, que les Laines d'Espagne destinées pour les Provinces qui sont dans l'étenduë des Cinq Grosses Fermes, venant par Terre par Bayonne ou Bordeaux durant l'année 1692. ne payeront pour tous Droits d'Entrées que ceux potrez par le Tarif de 1664.

Du vingt-neuf Janvier 1691.

* Arrest du Conseil d'Estat du Roy, Qui ordonne, qu'à commencer du premier Avril prochain , il sera levé & preçû six livres pour chacun Cent pesant de Fromages, venant des Païs Etrnngers , aux Entrées du Royaume, tant dans les Bureaux des Cinq Grosses Fermes , que des Provinces reputées Etrangeres & Païs Conquis ; même à Dunkerque & Bayonne, &c.

Du cinq Février 1691.

* Arrest du Conseil , Qui ordonne , qu'à la fin de chacune année , les Officiers des Jurisdictions des Droits de Sorties & d'Entrées délivreront sans frais aux Fermiers Generaux leurs Certifications , qui contiendront les Jugemens des Saisies qui auront esté faites dans le cours de l'année des Marchandises de Contrebande , ou qu'il n'en a esté jugé aucunes , pour estre rapportez dans les Comptes desdits Fermiers , &c.

Du cinq Février 1691.

* Arrest de la Cour des Aydes , Qui ordonne aux Officiers des Greniers à Sel de faire incessamment les Mesurages & Emplacemens des Sels destinez pour les Greniers ; même de faire grater les Sacs , dont les Sels seront compris dans lesdits Mesurages & mis en masse , desquels ils pourront faire mention dans leurs Procès verbaux , à peine de tous dépens, dommages & interests , &c.

Du neuf Février 1692.

* Resultat du Conseil, Qui ordonne, que Me Pierre Pointeau joüira de la Ferme des Droits de Marque sur les Chapeaux pendant six années , en payant suivant ses offres , la somme

de cent cinquante mil livres par chacune d'icelles , &c.

Du douze Février 1692.

Arrest du Conseil, Qui ordonne l'execution de l'Article
III. du Titre XVII. de l'Ordonnance de 1680. Casse une
Sentence des Officiers de l'Election & Grenier à Sel d'Alençon du douze Novembre dernier ; Condamne le nommé
Hubert Journalier de la Paroisse de Digny, qui a esté trouvé
saisi d'environ cinq livres de Sel blanc, en deux cens livres
d'amende ; & fait deffenses ausdits Officiers & à tous autres,
de moderer à l'avenir ladite amende de deux cens livres, &c.

Du douze Février 1692.

Arrest du Conseil, Qui ordonne , que l'Arrest du Parlement de Bretagne du dix-huit Decembre 1682. sera executé;
& que les Faux-Sauniers de ladite Province , poursuivis &
arrêtez en celles d'Anjou & du Maine , seront conduits és
Prisons de Bretagne , pour estre leur Procès instruit , fait &
parfait par les Juges à ce députez , & par Appel audit Parlement ; & fait deffenses aux Officiers des Greniers à Sel & tous
autres d'en connoistre , & de troubler les Huissiers , Briga-
diers & Gardes des Fermes , &c.

Du seize Février 1692.

Arrest du Conseil, Qui ordonne en consequence du Resultat du Conseil du neuf du present mois, que Maistre Pierre
Pointeau joüira conformément à l'Edit du mois d'Avril 1690.
des Droits de Marque sur les Chapeaux y specifiez ; regle
les Droits d'Enregistrement , & ordonne aux Sieurs Inten-
dans de le mettre en possession de ladite Ferme en vertu dudit Arrest ,&c.

Du vingt-six Février 1692.

Arrest du Conseil d'Estat du Roy, Portant qu'à commencer du quinze Mars prochain, il sera levé sur la Derle ou
Terre à faire Porcelaine, qui sortira des Païs conquis ou
cedez, pour estre transportez aux Païs Etrangers , Vingt
livres pour Last de douze Tonnes ordinaires , au lieu de
quarante livres portées par l'Arrest du six Juillet 1688. &
qu'il sera perçû Vingt livres du cent pesant sur les Porcelaines & Fayance Etrangeress, entrant dans le Royaume, &c.

Du dix-huit Mars 1692.

Arrest du Conseil, Qui ordonne, qu'à la diligence de M^e

Pierre Pointeau , il fera informé par le Sieur de la Berchere Commiſſaire départi en la Generalité de Roüen, du vol fait à Feſcamp lors du Meſurage des Sels déchargez du Navire S. Jean-Baptiſte, relâché audit Port, pour le Procès inſtruit, fait & parfait aux coupables, eſtre par lui jugé en tel Préſidial, &c.

Du vingt-deux Mars 1692.

* Arreſt du Conſeil d'Eſtat du Roy, Portant qu'à commencer du premier May prochain, les Toiles de Lin & Chanvre, & les Futaines & Bazins des Païs Etrangers , ne pourront entrer dans le Royaume par Mer, que par le Port de Roüen, & par Terre par Lyon, en prenant des Acquits à Caution aux Bureaux de Geix ou Coulonges : & qu'il ſera levé aux Bureaux de Roüen & Lyon, tant en Foires , qu'autrement, huit livres par piece de quinze aunes de Toiles de Lin , & quatre livres par piece de quinze aunes de Toiles de Chanvres , Treillis, Futaines & Bazins, à la reſerve de celles fabriquées aux Païs des Suiſſes , &c.

Du vingt-deux Mars 1692.

Arreſt du Conſeil , Qui ordonne , que par le Sr Foucault , Commiſſaire départi en la Generalité de Caën, il ſera informé du contenu au Procès verbal du Commis, Capitaine & Gardes des Traites de Cherbourg, du dix-ſept du preſent mois, concernant une Saiſie de pluſieurs Marchandiſes faite ſur le nommé Julien Sauvegrain Marchand dudit lieu, pour l'Information envoyée , vûë & rapportée au Conſeil, eſtre ordonné ce que de raiſon.

Du vingt-deux Mars 1692.

Arreſt du Conſeil , Qui ordonne , que la Requeſte de Me Pierre Pointeau, pour raiſon d'une Saiſie de pluſieurs Marchandiſes faites à Verdun , ſera communiquée à Creſtien de la Maiſon Marchand à Auxerre, pour y fournir ſa Réponſe, & que le Procureur General au Parlement de Bourgogne envoyera au Conſeil les motifs de l'Arreſt dudit Parlement du ſept Janvier dernier qui en a fait mainlevée , pour iceux vûs eſtre fait droit, ainſi que de raiſon.

SUITE DE LA TABLE DES ARRETS

du Conseil, & de la Cour des Aydes ; Concernant les Fermes Royales-Unies, comprises au Bail de Mᶜ Pierre Pointeau, donnez pendant les mois d'Avril, May & Juin 1692.

Du premier Avril 1692.

ARREST du Conseil, Qui regle les Droits qui seront payez aux Officiers des Elections & Greniers à Sel, pour l'Enregistrement de l'Arrest du vingt-cinq Septembre 1692. de prise de Possession des Fermes Royales-Unies, dont Bail a esté fait à Maistre Pierre Pointeau : Et des Commissions des Directeurs, Controlleurs & Commis, Capitaines & Gardes desdites Fermes, &c.

Du premier Avril 1692.

Arrest du Conseil, Qui renvoye la Requeste de Mᶜ Pierre Pointeau, concernant la Jauge des Tonnes des Brasseurs & particuliers des Départemens de Flandres, & le payement des Droits, sur le pied de soixante Lots mesure de Gand, au Sieur Desmadris, Intendant ; Pour entendre les Echevins d'Ipres, & le Fermier des Domaines, dresser Procés verbal de leurs dires & contestations & donner son Avis sur le tout, pour iceluy vû au Conseil, estre Ordonné ce qu'il appartiendra.

Du deuxiéme Avril 1692.

Arrest de la Cour des Aydes de Clermond-Ferrand, Qui fait défenses à tous Marchands, Regratiers & autres vendant Sel, tant en gros qu'en détail, dans l'étenduë des Païs redimez, d'en vendre pendant la nuit, qu'à Gens connus Certifiez, & à d'autres heures que celles marquées pour la vente & distribution du Sel dans les Déposts, à peine de Confiscation du Sel, &c.

Du deuxiéme Avril 1692.

Arrest de la Cour des Aydes de Clermond-Ferrand, Qui ordonne que l'Article XVII. du Titre seize de l'Ordonnance des Gabelles de 1680. fera executé ; Ce faifant, que les Conſuls des Villes , Bourgs & Paroiſſes, reſortiſſans aux Dépoſts établis dans le Reſſort de ladite Cour délivreront aux Commis des Dépoſts où ils répondent , des Extraits contenant le nombre & qualité des perſonnes dont chaque famille eſt compoſée , ſans y comprendre les Enfans au deſſous de deux ans , ny les Mandians aux peines y portées , &c.

Du douziéme Avril 1692.

Arreſt du Conſeil , Qui fait trés-expreſſes défenſes à tous Voituriers, tant par Eau, que par Terre, Bourgeois, Marchands, & autres, de cacher & receler aucuns Vins, Boiſſons, Denrées & Marchandiſes ſujets aux Droits d'Entrées , & de les faire paſſer aux Bureaux, ſans en avoir préalablement fait Declaration & payé les Droits , à peine de Cent livres d'Amende & de confiſcation , &c.

Du douziéme Avril 1692.

Arreſt du Conſeil, Qui ordonne qu'à l'avenir les Tonneaux & Pieces d'Eau-de-Vie , deſtinez pour la Ville , Fauxbourgs & Election de Paris, qui paſſeront à Ingrande, y ſeront Marquez & Roüannez , par les Commis de Maiſtre Pierre Pointeau , lors du payement qui ſera fait des Droits de Jauge Courtage deſdites Eaux-de-Vie ; Et que l'Empreinte des Marques & Roüannes ſera dépoſée aux Greffes des Elections d'Angers & de Paris, & le preſent Arreſt Enregiſtré , &c.

Du quinziéme Avril 1692.

Arreſt du Conſeil , Qui ordonne que la Requeſte de Me Pierre Pointeau , Contenant les Droits d'Entrées , du Vin recuëilly & vendu par les Habitans du Fauxbourg S. Antoine, ſera communiquée aux particuliers y dénommez ; Pour eux oüis ou leurs réponſes vûës , eſtre Ordonné ce que de raiſon , &c.

Du vingt-neuf Avril 1692.

Arreſt du Conſeil , Qui décharge le Sieur Baugier , Intereſſé aux Fermes Royales-Unies , de Servir à l'Arriere Ban , ny de contribuer aucune choſe à cauſe du Fief de Vaiſe à luy appartenant ; Et fait défenſes au Sieur de Lande, Lieutenant du Roy aux Païs Orleanois & Chartrain , de faire aucune pourſuite pour raiſon de ce , &c.

Du vingt-neuf Avril 1692.

Arrest du Conseil, Qui ordonne, que Mr. Pierre Pointeau, joüira d'une Maison & dépendances sise ruë de Grenelle, attachée & ayant communication à l'Hostel des Fermes, dont Bail a esté fait par Charles Boucher, à Pierre Domergue, pendant le temps qui reste à expirer d'iceluy : Declare nulle l'Assignation donnée au Commis dudit Pointeau, à la Requête dudit Boucher, & tout ce qui s'en est ensuivy, & luy fait défenses de faire aucunes poursuites, pour raison de ce, &c.

Du six May 1692.

Arrest du Conseil, qui déclare les Biens & Effets délaissez par le Chevalier de Longueville, acquis & écheus au Roy; Et en consequence, Ordonne que le Tiers d'iceux, situez à Paris sera délivré au Fermier du Domaine, suivant son Bail, & le Sol pour livre au Receveur du Domaine de la Generalité de Paris; Sans s'arrester au Testament fait par ledit Chevalier de Longueville, que Sa Majesté a cassé & annullé, & à tout ce qui s'en est ensuivy, &c.

Du vingt May 1692.

Arrest du Conseil, Qui ordonne que le Sieur de Bezons, Commissaire Départy en la Generalité de Bordeaux; Il sera informé contre les Commis Préposez & autres Employez aux achats des Vins, pour la fourniture des Vaisseaux du Roy, des abus & malversations par eux commises ausdits achats, & le Procés fait aux coupables en dernier ressort : Et luy Permet de subdeleguer, &c.

Du vingt May 1692.

Arrest du Conseil, Portant qu'il sera délivré à l'Hospital General, & à celuy des Enfans trouvez, la quantité de Trois Muids de Sel d'Augmentation, pendant l'année commencées au premier Octobre 1691. conformément à l'Arrest du vingt-un Septembre 1675. outre & pardessus les huit Muids de Sel employez dans l'Etat des Francs-Sallez, sans aucuns Frais ny Droits, &c.

Du neuf Juin 1692.

Arrest du Conseil, Qui ordonne, que les Habitans de Vaucouleurs, payeront la somme de vingt livres pour chacun Minot de Sel qu'ils leveront au Grenier à Sel de Joinville;

Ensemble les Cruës ordonnées estre levées par les Declarations de l'année 1689. & autres depuis intervenuës, qui seront executées, sans s'arester à l'opposition desdits Habitans, du trente Avril dernier, &c.

Du neuf Juin 1692.

Arrest du Conseil, Qui ordonne que la Declaration du Roy, du mois de Février 1679. sera executée ; Et en interpretant, Que les Greffiers Commis seront tenus d'apporter ou envoyer par leurs Clercs, au Greffe de la Signature en Chef du Chastelet, toutes les Sentences & Actes sujets à ladite Signature, à l'instant qu'ils les auront expediez, sans qu'ils s'en puissent dispenser ny les retenir ; Et qu'ils expediront toutes les Sentences d'Audiance ou accordées à l'amiable, & par Rapports, aussi-tost que les qualitez leurs auront esté mises és mains, & que les Especes auront esté payées, à peine, &c.

www.ingramcontent.com/pod-product-compliance
Lightning Source LLC
LaVergne TN
LVHW012005180726
843502LV00005B/1561